MARCO POLO

MEX IKO

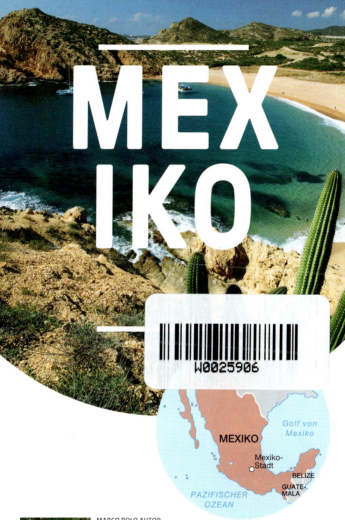

MARCO POLO AUTOR
Manfred Wöbcke
Der Reisejournalist und Psychologe lebt im Rheingau. Mexiko besucht er schon seit den 1980er-Jahren immer wieder. Zunächst war er als Exkursionsleiter mit Studenten, später auch als Reiseleiter für kleine Gruppen unterwegs. Was ihm an Mexiko am besten gefällt, ist die Mischung aus Pyramiden, Tempeln und Palästen der präkolumbischen Kulturen und den prächtigen Bauten der Spanier.

REIN INS ERLEBEN

Mit dem digitalen Service von MARCO POLO sind Sie noch unbeschwerter unterwegs: Auf den Erlebnistouren zielsicher von A nach B navigieren oder aktuelle Infos abrufen – das und mehr ist nur noch einen Fingertipp entfernt.

Hier geht's lang zu den digitalen Extras:

http://go.marcopolo.de/mex

 Touren-App

Ganz einfach orientieren und jederzeit wissen, wo genau Sie gerade sind: Die praktische App zu den Erlebnistouren sorgt dank Offline-Karte und Navigation dafür, dass Sie immer auf dem richtigen Weg sind. Außerdem zeigen Nummern alle empfohlenen Aktivitäten, Genuss-, Kultur- und Shoppingtipps entlang der Tour an.

 Update-Service

Immer auf dem neuesten Stand in Ihrer Destination sein: Der Online-Update-Service bietet Ihnen nicht nur aktuelle Tipps und Termine, sondern auch Änderungen von Öffnungszeiten, Preisen oder anderen Angaben zu den Reiseführerinhalten. Einfach als PDF ausdrucken oder für Smartphone, Tablet oder E-Reader herunterladen.

HTTP://GO.MARCOPOLO.DE/MEX

6 **INSIDER-TIPPS**

8 **BEST OF …**
- 🟢 Tolle Orte zum Nulltarif
- 🔵 Typisch Mexiko
- 🟠 Schön, auch wenn es regnet
- 🟣 Entspannt zurücklehnen

12 **AUFTAKT**
Entdecken Sie Mexiko!

20 **IM TREND**
In Mexiko gibt es viel Neues zu entdecken

22 **FAKTEN, MENSCHEN & NEWS**
Hintergrundinformationen zu Mexiko

28 **ESSEN & TRINKEN**
Das Wichtigste zu allen kulinarischen Themen

32 **EINKAUFEN**
Shoppingspaß und Bummelfreuden

34 **ZENTRALES HOCHLAND**
35 Guadalajara 39 Guanajuato
43 Mexiko-Stadt 52 Morelia
56 Puebla 59 Querétaro
61 San Miguel de Allende
64 Taxco

66 **DIE WESTKÜSTE**
67 Acapulco 71 Huatulco
74 Ixtapa/ Zihuatanejo 77 Mazatlán 79 Puerto Vallarta

82 **DER NORDEN**
82 Barranca del Cobre
86 Chihuahua 89 Los Cabos
92 Tijuana

SYMBOLE

INSIDER TIPP ▶ Insider-Tipp
★ Highlight
🟢🔵🟠🟣 Best of …
 Schöne Aussicht
 Grün & fair: für ökologische oder faire Aspekte
(*) kostenpflichtige Telefonnummer

PREISKATEGORIEN HOTELS

€€€ über 120 Euro
€€ 60–120 Euro
€ unter 60 Euro

Die Preise gelten für ein Doppelzimmer ohne Frühstück pro Nacht

PREISKATEGORIEN RESTAURANTS

€€€ über 20 Euro
€€ 10–20 Euro
€ unter 10 Euro

Die Preise beziehen sich auf ein Menü ohne Getränke

Titelthemen: Mayapyramiden in Palenque S. 101 | Flohmarkt El Chopo in Mexiko-Stadt S. 49

INHALT

94 DER SÜDEN
95 Oaxaca 101 Palenque
105 San Cristóbal de las Casas

110 GOLF VON MEXIKO
110 Veracruz 114 Villahermosa

116 YUCATÁN
116 Campeche 119 Cancún
121 Cozumel 123 Isla Mujeres
124 Mérida 127 Playa del Carmen

130 ERLEBNISTOUREN
130 Mexiko perfekt im Überblick 134 Kolonialstädte im zentralen Hochland 137 Auf der Transpeninsular in Baja California 140 Vom Hochland von Chiapas an den Golf von Mexiko

142 SPORT & WELLNESS
Aktivitäten und Verwöhnprogramme zu jeder Jahreszeit

146 MIT KINDERN UNTERWEGS
Die besten Ideen für Kinder

150 EVENTS, FESTE & MEHR

152 LINKS, BLOGS, APPS & CO.
Zur Vorbereitung und vor Ort

154 PRAKTISCHE HINWEISE
Von A bis Z

160 SPRACHFÜHRER

164 REISEATLAS

182 REGISTER & IMPRESSUM

184 BLOSS NICHT!

GUT ZU WISSEN
Geschichtstabelle → S. 14
Zócalo → S. 18
Spezialitäten → S. 30
Bücher & Filme → S. 86
Maquiladoras → S. 93
Feiertage → S. 151
Währungsrechner → S. 155
Was kostet wie viel? → S. 156
Wetter in Mexiko-Stadt → S. 159
Aussprache → S. 160

KARTEN IM BAND
(166 A1) Seitenzahlen und Koordinaten verweisen auf den Reiseatlas
Es sind auch die Objekte mit Koordinaten versehen, die nicht im Reiseatlas stehen
(U A1) Koordinaten für die Karte von Mexiko-Stadt im hinteren Umschlag
(0) Ort/Adresse liegt außerhalb des Kartenausschnitts

(🕮 A–B 2–3) verweist auf die herausnehmbare Faltkarte
(🕮 a–b 2–3) verweist auf die Zusatzkarte auf der Faltkarte

UMSCHLAG VORN:
Die wichtigsten Highlights

UMSCHLAG HINTEN:
Karte von Mexiko-Stadt

Die besten MARCO POLO Insider-Tipps

Von allen Insider-Tipps finden Sie hier die 15 besten

INSIDER TIPP Der Ritter von der traurigen Gestalt
Das *Museo Iconográfico de Quijote* in Guanajuato hütet eine faszinierende Sammlung mit Schaustücken aus drei Jahrhunderten über die berühmte Romanfigur von Miguel de Cervantes → S. 40

INSIDER TIPP Sonntags nie
Am Sonntagvormittag sind die zehn Spuren des *Paseo de la Reforma* in Mexiko-Stadt für den Autoverkehr gesperrt – eine wunderbare Gelegenheit, ein Fahrrad zu leihen und eine Tour im Herzen der Stadt zu unternehmen (Foto o.) → S. 43

INSIDER TIPP Hinter den Kulissen
Eine altmodische Seilbahn, der *Funicular,* zeigt Ihnen Guanajuato aus neuer Perspektive → S. 41

INSIDER TIPP Speisen im Palast
Üppige kulinarische Genüsse im Restaurant *Sanborns* in der prächtigen Casa de los Azulejos in Mexiko-Stadt → S. 47

INSIDER TIPP Samstags auf den Markt
Der Flohmarkt der Jugend- und Gegenkultur *Tianguis Cultural del Chopo* in Mexiko-Stadt, kurz El Chopo genannt, erlaubt ungewöhnliche Einblicke → S. 49

INSIDER TIPP Lunch unter Künstlern
Zwischen Springbrunnen und Kunstobjekten lockt Sie die gute Küche der *Casona de las Rosas* in Morelia → S. 54

INSIDER TIPP Design im Hostel
Ein Glücksfall für Reisende mit schmalem Budget und Faible für stilvolles Interieur: die *Casa Balché* in Campeche leuchtet in kräftigen mexikanischen Farben, eine aufregende Mischung von Zeitgeist und kolonialem Stil → S. 118

INSIDER TIPP Romantisch und mit bestem Blick
Im Dachgartenrestaurant *La Posadita* in San Miguel de Allende genießen Sie mexikanische Küche mit Ausblick → S. 63

INSIDER TIPP ▶ **Koloniales Hideaway**
Große, bekannte Badeorte wie Puerto Vallarta an der Pazifikküste bieten oft nur standardisierten Komfort. Die über der Altstadt thronende *Hacienda San Ángel* ist dagegen ein wahres Juwel des mexikanischen Kolonialstils → S. 80

INSIDER TIPP ▶ **Salon der Cocktails**
Plüschsofas, Kristallleuchter und die besten (Absinth-)Cocktails der Stadt machen die im französischen Art-déco-Stil gestaltete Bar *Maison Artemisia* zu *dem* Afterworktreff in Mexiko-Stadt – mit Klavierbegleitung und angesagter Loungemusik → S. 49

INSIDER TIPP ▶ **Koop der Künstlerinnen**
In Oaxaca und seiner Umgebung finden sich Dutzende von hochwertigen Läden für Kunsthandwerk und farbenfrohen Märkten. Die von indianischen Frauen betriebene Kooperative *MARO* ist eine der besten Adressen, was Auswahl und Qualität angeht → S. 98

INSIDER TIPP ▶ **Indianische Heilkunst**
Im *Museo de la Medicina Maya* in San Cristóbal de las Casas lernen Sie die indigene Kräutermedizin kennen und können auch gleich einige Arzneien kaufen (Foto u.) → S. 106

INSIDER TIPP ▶ **Hoch oben in den Bergen**
Bei El Divisadero in der Kupferschlucht haben Sie gleich zweimal einen schönen Ausblick. Mit einer *Seilbahn* überwinden Sie 450 m Höhenunterschied und schauen anschließend von der Bergspitze hinab ins Tal → S. 84

INSIDER TIPP ▶ **Frisch gebacken**
In der *Casa del Pan* in San Cristóbal de las Casas treffen sich Reisende aus aller Welt bei Ökobrot und vegetarischem Essen → S. 107

INSIDER TIPP ▶ **Bootsfahrt in der Mayaschlucht**
Auf einer Bootsfahrt in den *Cañón del Sumidero* bietet sich ein Schauspiel aus Felswänden, Höhlen und Wasserfällen → S. 108

BEST OF ...

TOLLE ORTE ZUM NULLTARIF
Neues entdecken und den Geldbeutel schonen

SPAREN

● Murales im Regierungspalast
Die Geschichte der Eroberung Mexikos in riesigen Wandgemälden von Diego Rivera: Die *murales* des Künstlers schmücken den Nationalpalast in der Hauptstadt. Zur Besichtigung benötigen Sie nur Ihren Ausweis → S. 42

● Museum im Herrenhaus
In einem restaurierten Stadtpalast entdecken Sie die indianisch geprägte Kultur Michoacáns: Der Besuch der Ausstellungen des *Museo del Estado* in Morelia kostet nichts → S. 53

● Offener Stadtpalast
Die *Casa de la Corregidora* in Querétaro atmet mexikanische Geschichte: Hier lebte die Frau des Bürgermeisters, die 1810 die Verschwörer um Pater Hidalgo unterstützte. Den heutigen Sitz der Regionalregierung können Sie umsonst besichtigen → S. 59

● Grüner Jahrmarkt am Meer
Der *Parque Papagayo,* ein Vergnügungspark mit kleinem Zoo in der Millionenstadt Acapulco, kostet keinen Eintritt. Spazieren Sie auf schattigen Wegen und beobachten Sie frei herumturnende Affen → S. 70

● Vielseitiges Kulturzentrum
Das *Centro Cultural* von Tijuana sieht aus der Ferne aus wie ein großer Ballon. Im Inneren besuchen Sie einige Austellungen und Veranstaltungen gratis (Foto) → S. 91

● Kunsthandwerk im Kloster
Die *Casa de las Artesanías del Estado de Michoacán* im ehemaligen Franziskanerkloster von Morelia zeigt kostenlos eine vielfältige Auswahl von hochwertigem Kunsthandwerk → S. 54

● Gesang im Park
Jeden Donnerstagabend erwartet Sie bei der *Serenata Yucateca* im Parque Santa Lucía von Mérida ein kostenloses Musikerlebnis → S. 120

●●●● Diese Punkte zeichnen in den folgenden Kapiteln die Best-of-Hinweise aus

TYPISCH MEXIKO
Das erleben Sie nur hier

● *Tag der Toten*
Am *Día de los Muertos* bietet sich auf Mexikos Friedhöfen ein ungewöhnliches Schauspiel. An Allerseelen werden die Toten zum Besuch zu Hause erwartet: Speis und Trank, Blumen und Geschenke hält man auf dem Altar für die Verstorbenen bereit, deren Geister sich an den Gaben erfreuen sollen. Besonders eindrucksvoll erleben Sie das Spektakel in Mixquic bei Mexiko-Stadt (Foto) → S. 26

● *Wallfahrtskirche*
Die *Basílica de Guadalupe* in Mexiko-Stadt ist das ganze Jahr über Ziel gläubiger Katholiken. Täglich sehen Sie hier Hunderte von Besuchern zum Bildnis der Schutzheiligen Mexikos oder zur Kapelle auf dem Hügel wallfahren → S. 44

● *Mumien hinter Glas*
In Mexiko ist der Tod Teil des Lebens: Im *Museo de las Momias* in Guanajuato sind mumifizierte Tote hinter Glas ausgestellt – der Anblick ist bizarr und fast etwas gruselig → S. 40

● *Party und Musik auf dem Kanal*
Auf den Wasserwegen der „schwimmenden Gärten" von *Xochimilco* südlich von Mexiko-Stadt schippern bunte Kähne umher. Lassen Sie sich spazieren fahren. Den „Service" – Verpflegung, Getränke und *Mariachi*-Musik – liefern weitere Boote → S. 52

● *Die Tänze der alten Völker*
Die *guelaguetza* in Oaxaca ist im Ursprung ein Gemeinde- und Regionenfest, bei dem die *Indígena*-Gemeinden ihre traditionellen Tänze vorführen. Als Besucher der Stadt können Sie sie heute auch in Hotels, Restaurants und Kulturzentren erleben, z. B. in der *Casa de Cantera* → S. 98

● *Erklimmen Sie die Pyramide*
Die Pyramide *El Castillo* von Cobá ist mit 42 m die höchste der Halbinsel Yucatán – und außerdem eine der wenigen, auf die Sie noch hinaufklettern können. 128 Stufen führen Sie steil nach oben. Auf der Spitze steht ein kleiner Tempel und Sie werden mit einer großartigen Rundumsicht belohnt → S. 129

BEST OF ...

SCHÖN, AUCH WENN ES REGNET
Aktivitäten, die Laune machen

REGEN

● *Auf dem Markt*
Der *Mercado Libertad* in Guadalajara ist einer der größten Märkte Mexikos und eine Welt für sich. Sie werden freundlich begrüßt, unterhalten sich und zwischendurch locken frisch zubereitete mexikanische Spezialitäten → S. 38

● *Weltberühmtes Museum*
Das *Museo Nacional de Antropología* in Mexiko-Stadt ist ein Ort von Weltrang. In den zahlreichen Sälen, die Mexikos unterschiedlichen Kulturen gewidmet sind, können Sie nicht nur einen, sondern gleich mehrere Regentage verbringen (Foto) → S. 45

● *Die Kathedrale der Metropole*
Die *Catedral Metropolitana* von Mexiko-Stadt begeistert schon von außen, doch der eigentliche Schatz offenbart sich erst, wenn Sie eintreten. In der stillen Atmosphäre und beim Anblick der betenden Mexikaner finden Sie Ruhe zur inneren Einkehr. Eindrucksvoll sind der verzierte Altar der Könige und das Chorgestühl → S. 45

● *Führung durchs Kloster*
Erst eine Führung durch den *Templo y Convento de la Cruz* in Querétaro eröffnet das Verständnis für das herrliche Bauwerk und dessen Bedeutung im Leben der Stadt → S. 60

● *Der Schatz von Monte Albán*
Im *Museo de las Culturas de Oaxaca* bestaunen Sie die einzigartigen Jadefundstücke aus der Pyramidenanlage Monte Albán → S. 96

● *Bei Regen speisen*
Im einfachen Restaurant *Cenaduría Los Portales* in Campeche genießen Sie mexikanische Köstlichkeiten. Sie sitzen im Trockenen unter den Arkaden, lassen es sich schmecken und blicken hinaus in den strömenden Regen → S. 118

ENTSPANNT ZURÜCKLEHNEN
Durchatmen, genießen und verwöhnen lassen

● *Wohltuendes Wissen der alten Maya*
Traumhaft: Das *Maya-Spa* in Tulum verwöhnt Sie mit modernen Treatments und jahrhundertealten Therapien. Die wunderbare Karibikatmosphäre in einem Ort, in dem alternativer und nachhaltiger Tourismus blühen, macht das Urlaubsfeeling perfekt → S. 129

● *Ausruhen im Schatten*
Die *Plaza de Allende* in San Miguel de Allende wird beschattet von einem grünen Dach aus Lorbeerbäumen. Nehmen Sie Platz, machen Sie es sich bequem und lassen Sie sich die Schuhe so putzen, dass sie immer noch glänzen, wenn Sie wieder zu Hause sind → S. 62

● *Café im Kloster*
In einer stillen, grünen Ecke des Kreuzgangs im historischen Kloster La Concepción von San Miguel de Allende versteckt sich das Café *Las Musas*. Nach der Besichtigung der lebhaften Touristenstadt relaxen Sie stilvoll bei einem Cappuccino → S. 63

● *Kunstwerk in der Kuppel*
Das schönste Bild im *Instituto Cultural Cabañas* in Guadalajara können Sie nur bewundern, wenn Sie sich auf einer der Bänke dort ausstrecken: Das Fresko „Mensch in Flammen" hat José Clemente Orozco in eine Kuppel des Gebäudes gemalt. Legen Sie sich gemütlich hin und schauen Sie in Ruhe nach oben → S. 36

● *Mit dem Boot nach Yaxchilán*
Die einstündige Bootsfahrt von Frontera Corozal nach *Yaxchilán* führt Sie durch üppigen Regenwald. Mit etwas Glück sind Sie in der alten Mayastätte allein und genießen ungestört die Stimmung des Orts. Bei der Rückreise ist die Fahrt noch einmal relaxter (Foto) → S. 104

● *Buffet auf dem Wasser*
In Villahermosa wird auf dem Schiff *Capitán Beuló II* sonntags ein Lunchbuffet serviert. Genießen Sie die Fahrt über den Río Grijalva und durch die Stadt → S. 114

AUFTAKT

ENTDECKEN SIE MEXIKO!

Neben faszinierenden, weltberühmten Strandorten wie Acapulco und Cancún gibt es in einem Land, das so riesengroß ist, noch unzählige kleine und verschwiegene Badebuchten – die Alternativen sind zahlreich; immerhin hat Mexiko an Karibik und Pazifik *mehr als 12 000 km Küstenlinie* zu bieten. Während die pazifische Westküste in erster Linie für einen reinen Badeurlaub geeignet ist, da es dort keine bedeutsamen prähistorischen Stätten gibt, können Sie auf der Halbinsel Yucatán im Süden *klassische Mayakultur* und karibisches Strandleben ideal miteinander verbinden. Noch weitgehend unentdeckt ist die 1300 km lange und im Durchschnitt nur 90 km breite Halbinsel Baja California, eine Verlängerung Kaliforniens, die im äußersten Norden vom mexikanischen Festland abzweigt und in den Pazifik hineinragt. Glasklares Wasser, versteckte Sandbuchten und raue Felsklippen – die Landschaft ist von grandioser Erhabenheit. Außerhalb der wenigen Hotelanlagen tun sich wüstenartige Landstriche auf. In den *zerklüfteten Schluchten* der Sierras und auf den unbefestigten Schotterstraßen im Landesinneren fühlt man sich jenseits aller Zivilisation. Pyramiden und Tempel überragen eine Lichtung im dichten Regenwald von Chiapas, die Atmosphäre ist von magischer Schönheit und das Computerzeitalter des 21. Jhs.

Bild: El Castillo in Tulum

scheint Lichtjahre entfernt. Die Vorfahren der heutigen Maya huldigten einer unsichtbaren Welt, die dennoch präsent war. Ihre Priester machten sie mittels Riten und geistiger Innenschau zur zweiten Wirklichkeit.

Es ist kein Wunder, dass die Vergangenheit des Landes so viele Besucher anzieht. Rund **25 000 archäologische Stätten**, die 1000 bis 2000 Jahre alt sind, besitzt Mexiko. Etwa 200 davon hat man dem Dschungel entrissen, restauriert und der Öffentlichkeit zugänglich gemacht. Im yucatekischen Cobá spazieren Sie auf freigelegten Urwaldstraßen zu einer malerisch um Seen gruppierten Zeremonialstätte der Maya, in Tulum haben Sie von den auf einer Klippe gelegenen Tempeln einen atemraubenden Blick aufs Karibische Meer. Hoch über den Wolken liegt Monte Albán; um einen Platz für die Götter zu schaffen, trugen die Erbauer mühevoll die Kuppe eines Berges ab. In Chichén Itzá offenbart sich zur Tagundnachtgleiche ein ungewöhnliches Schauspiel: Durch den Schattenwurf der Sonne entsteht der Eindruck einer sich langsam die Pyramide herabwindenden Schlange.

Wer zum ersten Mal nach Mexiko reist, wird seinen Aufenthalt sorgfältig planen. So ist es nicht ratsam, während weniger Wochen das ganze Land bereisen zu wollen, weil man all die unterschiedlichen Landschaften, Bevölkerungsgruppen und Kulturkreise kennenlernen möchte. Mexiko ist eben ein Land von ungeheurer Vielfalt und Ausdehnung – mit einer Fläche von beinahe 2 Mio. km² ist es knapp **sechsmal so groß wie Deutschland** und misst in der Nord-Süd-Ausdehnung mehr als 3000 km: So ergibt sich für jeden die Gelegenheit, auf einer Reise sein eigenes Mexiko zu entdecken.

40 000–20 000 v. Chr. Während der letzten Eiszeit wandern asiatische Siedler über Sibirien und die heutige Beringsee nach Alaska und weiter südwärts nach Zentral- und Südamerika

Ab 3000 v. Chr. Die Siedler lassen sich in unterschiedlichen Regionen Mittelamerikas nieder und betreiben Landwirtschaft

7000–2500 v. Chr. Vorfahren der Maya siedeln im heutigen Guatemala

Ab 1000 v. Chr. Das rätselhafte Volk der Olmeken errichtet an der Küste des Golfs von Mexiko die ersten Pyramiden und erschafft große Basaltskulpturen und steinerne Altäre

AUFTAKT

Palacio de Bellas Artes in Mexiko-Stadt: Jugendstil und *murales* aller großen Künstler

Etwa in Mexiko-Stadt, der chaotischen, erdbebengefährdeten und übervölkerten 25-Mio.-Metropole voller Smog und hupender Autos: Manche entdecken eine *kosmopolitisch-kulturelle Großstadt* der Paläste, Museen und Theater, andere schätzen in erster Linie die vielen Feinschmeckerrestaurants und die luxuriösen, zu Hotels umgewandelten Haciendas, auf denen man sich in vergangene Zeiten zurückversetzt fühlt. Andere wiederum lieben das bunte, das folkloristische Mexiko der Straßenhändler, Garküchenbetreiber, der Gaukler im Alamedapark, der *Mariachi-Kapellen* auf der Plaza Garibaldi.

> **Rund 25 000 archäologische Stätten besitzt das Land**

Ab 800 v. Chr.
Olmeken wandern ins heutige Guatemala und Oaxaca. Von Oaxaca ziehen sie weiter nach Westmexiko

250–900 n. Chr.
Klassische Epoche der Mayakultur im Süden Mexikos; um 900 verlassen die Maya ihre Stadtstaaten

14. Jh.
Azteken errichten die Stadt Tenochtitlán; Unterwerfung der übrigen indianischen Völker

1519
Hernán Cortés landet an der Ostküste bei Veracruz

1521
Cortés erobert Tenochtitlán, 100 000 Azteken sterben

Mexiko-Stadt bietet einen Querschnitt durch nahezu alle Bevölkerungsgruppen. Kleine Jungen springen auf die verkehrsüberlasteten Avenidas, um an den Ampeln ihre Zauberkunststücke und akrobatischen Nummern vorzuführen, Fenster zu putzen oder Lose zu verkaufen. Die Pesos, die sie von den Autofahrern erhalten, sind ein wichtiger Beitrag zur Unterstützung ihrer Familie. Vor der Kathedrale am Zócalo stellen sich jeden Morgen arbeitslose Handwerker auf und hoffen auf einen Job – für einen Tag oder nur ein paar Stunden. Auf Knien rutschen gläubige Katholiken sonntags zur Basilika der Jungfrau von Guadalupe, der meistverehrten Heiligen des Landes. Attraktive Mexikanerinnen der Oberschicht stöckeln auf hohen Pumps durch das *Einkaufsviertel Zona Rosa* und betrachten die in den exklusiven Boutiquen ausgestellte Designermode. Schuhputzer bieten ihre Dienstleistung Businessleuten und Restaurantbesuchern, Einheimischen und Touristen an und unterhalten mit den verdienten Pesos ihre Familien.

> **Hausfrauen verkaufen an den Bushaltestellen Tacos und Kuchen**

Wer die Metropole verlässt, um die landschaftliche Vielfalt Mexikos zu entdecken, nutzt am besten das gut funktionierende öffentliche Verkehrssystem. Überlandbusse verbinden auch weit voneinander entfernt liegende Städte im Direktverkehr miteinander. Für die Verpflegung unterwegs ist bestens gesorgt: Mexikanische Hausfrauen verkaufen an den Bushaltestellen *mit Hühnerfleisch gefüllte Tacos*, „muy picante, señor!", Kokosnusskuchen, natürlich selbst gebacken, und Orangen. Nirgendwo erhalten Besucher einen besseren Einblick in die mexikanische Gesellschaft als auf diesen Reisen quer durch das Land.

Im Norden beherrschen Kaktussteppen und Dornbuschsträucher die Vegetation, den Süden prägen *tropische Regenwälder* und undurchdringlicher Dschungel. Die Sierra Madre Occidental und die Sierra Madre Oriental durchlaufen das Land in Nord-Süd-Richtung. Hier finden sich herrliche Eichen- und Kiefernwälder zwischen wild zerklüfteten Cañons. An der Kupferschlucht Barranca del Cobre können Sie sogar in einem Hotel wenige Meter vom Abgrund übernachten. Dies ist noch immer die Heimat von *Pumas, Bären und Wölfen*. Nur wenige Menschen leben hier. Die Tarahumaraindianer sind wohl die einzigen Siedler, die in dieser rauen Gegend existieren können. Auf schneebedeckte Vulkane treffen Sie im zentralen Hochland. Ausgerechnet im

1521–1545 Eroberung und Missionierung; Errichtung spanischer Städte

Bis 1810 Von einst ca. 20 Mio. Indios überleben nur etwa 3 Mio.

1810 Der Priester Miguel Hidalgo ruft zur Befreiung des Landes auf; zehnjähriger Bürgerkrieg

1821 Mexiko wird unabhängig und 1823 Republik

1910 Francisco Madero ruft zur Revolution auf, Pancho Villa und Emiliano Zapata kämpfen bei den Aufständischen

AUFTAKT

Agavenfeld bei Tequila: Hier „wächst" das berühmte mexikanische Feuerwasser

Bereich der Sierra Volcánica Transversal, des vulkanischen Gebirges, befindet sich das Hauptsiedlungsgebiet der Mexikaner. Dass die Erde jederzeit beben kann – hier trägt man es mit Gelassenheit.

Nirgends im ganzen Land finden Besucher eine solche Anhäufung von kolonialen Städten wie im zentralen Hochland. In einem Radius von nur wenigen Hundert Kilometern um Mexiko-Stadt fand die **Prachtentfaltung kolonialer Städtearchitektur** ihren Höhepunkt. Rund um eine zentrale *plaza* gruppieren sich die Kirche und die wichtigsten öffentlichen Gebäude, wie z. B. Verwaltung und Krankenhaus. Kopfsteingepflasterte Straßen verlaufen im Schachbrettmuster. Sie werden gesäumt von ein- bis zweistöckigen Häusern mit Flachdach, wuchtiger Holztür und schmiede-

> **Schöne koloniale Häuser wurden in Hotels umgewandelt**

1917 Nach Ende des Bürgerkriegs erhält Mexiko eine neue Verfassung

1976 Große Erdölvorkommen werden im Golf von Mexiko entdeckt

2001 Der seit den 1920er-Jahren regierende Partido Revolucionario Institucional wird erstmals durch den rechtsliberalen Partido Acción Nacional abgelöst

2014 Im Bundesstaat Guerrero werden 43 Studenten von einer Drogenbande entführt und getötet – landesweite Demonstrationen und Ausbrüche von Gewalt

eisernen Gittern vor den Fenstern. Erst im Inneren der so unscheinbar aussehenden Gebäude wird der Wohlstand des Besitzers sichtbar. Eine Oase der Ruhe eröffnet sich im Patio. Im Zentrum dieses arkadengeschmückten Innenhofs plätschert ein Springbrunnen, der verziert ist mit kunstvollen Steinmetzarbeiten. Blumen verströmen ihren Duft, Bäume spenden Schatten. Da die Mexikaner einige der größten und schönsten dieser kolonialen Häuser in Hotels umgewandelt haben, bietet sich auch Reisenden die Chance, ihre bemerkenswerte Atmosphäre zu entdecken.

Prunkvoll statteten die kolonialen Eroberer auch die Kirchen aus. Bei einer in Mexiko sehr verbreiteten Spielart des Barocks, dem Churriguerastil, verwendeten die Künstler eine **überreiche Ornamentik** und verzierten Engel, Heiligenfiguren, Blätter und Blüten, ja sogar Figuren aus der indianischen Mythologie über und über mit Blattgold. Die Kehrseite der Kolonialismusmedaille demonstrieren die in ehemaligen Kolonialpalästen untergebrachten Museen, die den langen und blutigen Weg zur Freiheit im Kampf gegen die Eroberer dokumentieren. Das heutige Mexiko ist eine sehr **aufregende Verquickung verschiedener Kulturen**: der präkolumbischen, der indianischen, der spanischen und der der modernen Mestizengesellschaft. Die Mestizen, Nachfahren der weißen Eroberer und der indianischen Ureinwohner, bilden heute die größte Bevölkerungsgruppe.

ZÓCALO

Der riesige Platz zwischen Kathedrale und Nationalpalast in Mexiko-Stadt, von Hernán Cortés selbst angelegt, blieb lange leer. Schließlich entschloss man sich zur Errichtung eines Standbilds und baute dafür zunächst den Sockel – spanisch *zócalo*. Aus dem Standbild wurde bis heute nichts: Der Platz ist leer. Aber die Leute trafen sich seit jeher auf dem zentralen Platz ihrer Stadt und um sich schneller zu finden, verabredete man als Treffpunkt den Sockel. Bald hieß der ganze Platz so und es dauerte nicht lange, dann nannte man in fast jeder mexikanischen Stadt den zentralen Platz einfach Zócalo.

AUFTAKT

Goldüberladen und mit verspielter Ornamentik: mexikanischer Barock in Pueblas Santo Domingo

Während der letzten Jahre geriet Mexiko immer wieder in die Medien, denn das Land kämpft gegen eine Allianz von Drogenkartellen, korrupten Politikern und bestechlichen Polizisten. In diesem Drogenkrieg wurden bislang Zehntausende von Menschen getötet. Touristen kamen indes kaum zu Schaden, bekommen in der Regel auch von diesen für sie versteckt ausgetragenen Kämpfen, von Gewalt und Erpressung nichts mit. Dennoch ist bei Reisen auf eigene Faust erhöhte Vorsicht geboten: Nach Einbruch der Dunkelheit darf man allein und an unbekannten Orten nicht unterwegs sein. Auch Überlandfahrten per Bus und mit PKW muss man in einigen Bundesstaaten besser vermeiden. Hochburg der Auseinandersetzungen sind die Grenzorte zu den USA und die Provinzen Morelos und Guerrero.

Eine aufregende Verquickung verschiedener Kulturen

Auf eine Reise nach Mexiko in dieser für das Land nicht einfachen Zeit zu verzichten muss jedoch nicht sein. Den von Touristen frequentierten Orten merkt man – mit Ausnahme eines erhöhen Polizeiaufkommens hier und dort – nichts an und die Mexikaner schätzen es doppelt, wenn die Ausländer keinen Bogen um ihr Land machen, sondern gemeinsam mit ihnen wünschen, dass die Lage bald besser wird.

IM TREND

1. Heimat in der Küche

Local Cooking Nicht mehr Tex-Mex ist bei jungen Leuten der Mittelschicht angesagt, sondern Landesküche. Überlieferte Rezepte werden phantasievoll verfremdet, mit exotischen Gemüsesorten und Früchten und manchmal sogar Insekten – gebratene Heuschrecken *(chapulines)* vielleicht, proteinreich und mit wenig Fett. Ziel für Mexikos Feinschmecker ist z. B. *Dulce Patria (www.dulcepatriamexico.com),* das „süße Vaterland" im Shoppingviertel Polanco in Mexiko-Stadt; oder besuchen Sie in Puerto Morelos die *Little Mexican Cooking School (www.thelittlemexicancookingschool.com | Foto).*

2. In der Galerie

Kunstgenuss Wer in der Hauptstadt dazugehört, dem ist die Handvoll junger Galeristen bekannt, die in den letzten Jahren hier Furore machten. Allen voran Pamela Echeverría mit ihrer *Galerie Labor (www.labor.org.mx).* Feste Termine im Kalender sind auch die im Februar stattfindende *Material Art Fair (www.material-fair.com | Foto)* sowie die bereits etablierte *Zona Maco (www.zonamaco.com)* für Gegenwartskunst.

3. Hecho en Tepito

Fälschungen und Imitate „Hergestellt in Tepito" – dem anarchischen Schwarzmarkt für gefälschte Markenware in Mexiko-Stadt *(Foto)* – ist für die Mexikaner zum Synonym für alles Billige und Getürkte geworden. In dem 50 Straßenzüge umfassenden Viertel nahe dem Zócalo, einer lauten, vollen, etwas heruntergekommenen Zeltstadt, hauen die Mexikaner leidenschaftlich ihre Pesos auf den Kopf. Über Twitter verbreitet die „Piraterievereinigung Tepito" gelegentlich ihre neuesten Ideen, um Waren schneller bekannt zu machen und abzusetzen.

In Mexiko gibt es viel Neues zu entdecken. Das Spannendste auf diesen Seiten

Bewährt und begehrt

Zum Anziehen Mode, die sich traditioneller Techniken bedient, dabei aber ganz modern daherkommt: Das ist nach wie vor angesagt. Alejandra Quesada lässt sich bei ihren verträumten Designs von historischen Stickereien inspirieren. Zu kaufen gibt es ihre Kreationen in Mexiko-Stadt bei *Punto i Coma (www.puntoicoma.com).* Das Label 🟢 *Nahui Ollin (www.ollinarmcandy.com)* setzt auf die Flechtkunst der Maya und tut der Umwelt gleichzeitig einen Gefallen: Aus gebrauchten Materialien werden echte Hinguckertaschen geflochten. 🟢 *Pineda Covalin (www.pinedacovalin.com | Foto)* ist ebenso farbenfroh und engagiert sich zudem für soziale Projekte. Auch 🟢 *Carmen Rion (Michoacán 30 | Mexiko-Stadt)* setzt auf umweltverträgliche Fashion.

High-End-Heirat

Jawort auf der Hacienda Mexikaner der *upper class* und die, die so tun als ob, mieten für sich und ihre Gäste für den schönsten Tag im Leben gleich eine ganze Hacienda. Als Traumoasen für die Hochzeit gelten u. a. *San Antonio (www.haciendadesanantonio.com)* im Hochland von Colima, ein 500 ha großes, prächtig ausstaffiertes Gut, einst im Besitz des britischen Milliardärs Sir James Goldsmith, bzw. das traumhaft schön an einem 3 km langen Privatstrand an der Pazifikküste gelegene *Cuixmala (www.cuixmala.com).* Von Musik und Liveshows mit *mariachis* bis zu Hairstylisten und Floristen, Dinner bei Fackellicht und dem Ausritt zu Pferde: Wer kann, der spart an nichts. Zum Glück hat Mexiko so viele Haciendas, dass man auch als normaler Gast jene besondere Atmosphäre genießen kann, die verwöhnte Einheimische so schätzen.

Bild: *Día de los Muertos* auf dem Zócalo in Mexiko-Stadt

FAKTEN, MENSCHEN & NEWS

BEVÖLKERUNG

Die Eroberung Mexikos 1521 durch Hernán Cortés war die Geburtsstunde des mexikanischen Volks: Es begann die Vermischung von Indianern und Spaniern. Heute bezeichnet man etwa 85 Prozent als Mestizen. Rund zwölf Prozent sind Indios – die einstigen Herrscher des Landes bilden heute die ärmste Bevölkerungsgruppe und fühlen sich von den Mestizen unterdrückt. Diese wiederum sehen auf die *indígenas* herab, halten sie für faul und primitiv. Gut 123 Mio. Ew. zählt Mexiko, annähernd ein Fünftel davon lebt in der Hauptstadt. Die mexikanische Bevölkerung ist jung, etwa die Hälfte der Menschen ist unter 25 Jahre alt. Eine kleine Mittel- und Oberschicht steht der Masse der armen Stadtbevölkerung gegenüber. Aufgrund der hohen Inflation und der sinkenden Agrarpreise nimmt die Verarmung der *campesinos,* der Bauern und Landarbeiter, weiter zu. Da der Ertrag ihres Bodens oft nicht mal zur Selbstversorgung ausreicht, wandern viele der Jüngeren in die Stadt ab.

DROGENKRIEG

Seit vielen Jahren gefährden bewaffnete Auseinandersetzungen zwischen Polizei, Militär und Drogenkartellen einerseits sowie Gewalt zwischen einzelnen Drogenbanden andererseits die innere Sicherheit Mexikos. Der sogenannte Drogenkrieg hat nach Angaben der Regierung seit 2006 über 70 000 Tote gefordert, darunter einige Journalisten und wenige zivile Opfer

Schokoladenskelette und Vogelmenschen, *mariachis* und *murales:* Mexikos Kultur hält zahlreiche Überraschungen bereit

durch Verwechslungen. Etwa 1000 der Toten sind Angehörige der Justiz und der Sicherheitskräfte, die übrigen Mitglieder der Drogenmafia. Die Lösung des Konflikts wird erschwert durch den Umstand, dass ein Teil der Sicherheitskräfte und der Justiz selbst für die Drogenmafia arbeitet. So wurde in Cancún nahezu der gesamte korrupte Polizeiapparat vom Militär entmachtet. Die Drogenkartelle haben in einigen Bundesstaaten (Michoacán, Guerrero, Chihuahua) bereits die staatliche Macht abgelöst. Ausländische Touristen sind von den Auseinandersetzungen noch nicht betroffen. Ein „landesspezifischer Sicherheitshinweis" (keine Reisewarnung) des Auswärtigen Amts macht indes auf erhöhte Kriminalität in Mexiko aufmerksam.

FRAUEN

Im Land des Machismo haben es Frauen nicht leicht: Sie verdienen nur einen Bruchteil dessen, was Männer erhalten, und arbeiten ohnehin in Niedriglohnbereichen. Obwohl geschiedene

Männer gesetzlich verpflichtet sind, Unterhalt zu zahlen, müssen Millionen Frauen sich und ihre Kinder allein durchbringen. Ein goldener Ring am Finger zählt mehr als das beste Zeugnis. Kleine Mädchen passen auf ihre Geschwister auf und versäumen die Schule, damit ihre Mütter arbeiten können. Nur selten ist eine Mexikanerin leger gekleidet. Selbst bei großer Hitze werden Strümpfe, enge Röcke und hochhackige Schuhe getragen.

FRIDA KAHLO

Pablo Picasso war von ihren Bildern begeistert. Marcel Duchamp und André Breton gehörten zu ihren Bewunderern. In Amerika feierte sie mit nur 31 Jahren triumphale Erfolge und auch Europa hat sie entdeckt. Dabei blieb Frida Kahlo doch stets im Schatten des Malers Diego Rivera, mit dem sie zweimal verheiratet war. Während Riveras monumentale Wandbilder die öffentlichen Gebäude und Paläste Mexikos zieren, malte sie, zurückgezogen in einem Zimmer ihres Hauses, kleinformatige Bilder, zumeist Selbstporträts. Ihre Gemälde dokumentieren das Leid und den Schmerz, die in ihrem Körper wohnten. Mit 18 Jahren hatte die 1907 geborene Künstlerin einen sehr schweren Busunfall. Unzählige Male wurde sie operiert, ein Bein musste amputiert werden, zuletzt saß sie im Rollstuhl. Aber zeitlebens blieb sie ihren Leidenschaften treu, nämlich Diego Rivera und der Malerei. Sie starb 1954 und ist mittlerweile zu einer internationalen Kultfigur geworden. Ihr ehemaliges Wohnhaus in Mexiko-Stadt ist heute ein Museum und 2002 wurde ihr Leben verfilmt.

HACIENDAHOTELS

Nach der Eroberung Mexikos gründeten die Spanier große landwirtschaftliche Betriebe, sogenannte Haciendas, wo sie in prächtigen Herrenhäusern residierten. Da diese Landgüter oft isoliert lagen und daher autark sein mussten, entwickelten sie sich zu kleinen Dörfern mit einer Kirche, einem Laden und Häusern für die *peones*, die Arbeiter. Der Glanz der riesigen Güter ist inzwischen verblasst, doch einige wurden restauriert und als Hotels wiedereröffnet.

LANDWIRTSCHAFT

Da die mexikanische Revolution durch die Forderung *tierra y libertad* („Land und Freiheit") ausgelöst worden war, kam es nach der Verfassung von 1917 zu einer Umverteilung des privaten Landbesitzes an landlose Bauern *(peones)*. Die sich nunmehr seit Jahrzehnten hinziehende Umverteilung des Bodens ist nicht zufriedenstellend gelöst. Noch immer warten Millionen auf ihr Stückchen Erde. Viele, denen Boden gegeben wurde, sagen, er sei als Ackerland unbrauchbar. Nicht wenige leben unterhalb der Armutsgrenze.

MARIACHI-MUSIK

Ein Abend in Mexiko-Stadt sollte der Plaza Garibaldi gewidmet sein, dem Treffpunkt zahlreicher *Mariachi*-Kapellen. *Mariachis* – der Name leitet sich wahrscheinlich ab vom französischen *mariage* für Hochzeit, ein Anlass zum Aufspielen – können Gruppen von bis zu zehn Musikern sein. Sie sind an ihren Uniformen zu erkennen: schwarzen Anzügen, die mit Silbertressen bestickt sind, sowie breitkrempigen Hüten. Zu ihrem Repertoire gehören mexikanische Volkslieder, die unter Geigen-, Trompeten- und Gitarrenbegleitung inbrünstig vorgetragen werden.

MAYA

Das Hauptverbreitungsgebiet der rund anderthalb Jahrtausende zurückliegenden Mayakultur erstreckte sich auf die Halbinsel Yucatán und Guatemala.

FAKTEN, MENSCHEN & NEWS

Die *Mariachi*-Musiker mit ihren breitkrempigen Hüten sind ein Inbegriff mexikanischer Folklore

Von den übrigen Völkern Mittelamerikas unterschieden sich die Maya besonders durch die Entwicklung eines komplexen Kalender- und Schriftsystems. Bei dem hohen Niveau der Mayakultur ist es verwunderlich, dass weder Töpferscheibe noch Rad bekannt waren. In der Blütezeit ihrer Kultur, zwischen dem 4. und 9. Jh. n. Chr., entstanden zahlreiche Tempelstädte im Regenwald. Zu den schönsten und deshalb bekanntesten Mayastätten Mexikos gehören Chichén Itzá, Tulum, Uxmal, Palenque, Calakmul sowie Cobá. Die Unesco zählt heute mehrere Mayaanlagen zum Weltkulturerbe.

MURALISMO

Sie finden sie überall in Mexiko, oft in öffentlichen Gebäuden: *murales* (von *mural*, „Wand"), großflächige Wandmalereien als Kunstform in Freskotechnik. Sie zeigen und verfremden Ereignisse aus Mexikos Geschichte, geben soziale Probleme teilweise in ironischer und sarkastischer Weise wieder. Die ersten Wandmalereien tauchten Anfang des 20. Jhs. auf: politisch links orientierte Darstellungen aus der Geschichte der Eroberung sowie sozialkritische Betrachtungen des Großeigentums. Bald erhielten die *muralistas* öffentliche Aufträge: Der große Diego Rivera (1886–1957) schmückte den Treppenaufgang und die Wand der ersten Etage des Nationalpalasts von Mexiko-Stadt. Der ebenfalls politisch engagierte Künstler José Clemente Orozco (1883–1949) verewigte sich mit seinem Meisterwerk „Mensch in Flammen" in einer Kuppel des Hospicio Cabañas in Guadalajara. Und José David Alfaro Siqueiros (1896–1974), einer der bedeutendsten Künstler des Landes und überzeugter Kommunist, gestaltete große Teile des Palacio de las Bellas Artes sowie die Außenwand der Universitätsbibliothek in Mexiko-Stadt. Die Muralisten waren engagiert in ihrem Wunsch, auch den Armen und Unterdrückten, denen, die nicht lesen und schreiben können, die Geschichte ihres Landes näherzubringen. Der *muralismo* eroberte die Welt, gelangte auch nach Europa, selbst auf der Mittelmeerinsel Sardinien schmücken in mehreren Bauerndörfern riesige sozialkritische *murales* die Hauswände.

ÖKOPARKS

Besonderer Beliebtheit erfreuen sich seit einigen Jahren die sogenannten ökologischen Parks, die in landschaftlich herausragenden Gebieten eingerichtet wurden. Sie ermöglichen den Besuchern auf umweltverträgliche Weise einzigartige Naturerlebnisse. Auf *ecoturismo* spezialisierte Reisebüros bieten geführte Bergtouren, Wildwasserfahrten u. a. an. Auf der Halbinsel Yucatán sind an der Riviera Maya zahlreiche neue Ökoparks entstanden. Da die kommerziellen Anlagen Xcaret, Xel-Há und Tres Ríos überaus erfolgreich waren und hohe Einnahmen erzielten, wurden weitere Parks entwickelt. Bei diesen kommerziellen *parques ecológicos* ist die Bezeichnung *eco* bzw. „öko" in der Regel nur Lippenbekenntnis. Die zuvor wenig berührte Natur wurde für Besucher erschlossen und hergerichtet – mit betonierten Parkplätzen und den angesagten *zip lines* (Stahlkabel, an denen Sie an einer Hängevorrichtung über eine Schlucht, einen Fluss oder einfach durch die Landschaft gleiten).

PFLANZEN UND TIERE

Die landschaftliche Vielfalt hat in Mexiko einen ungeheuren Artenreichtum an Pflanzen zur Folge. Während Westmexiko hauptsächlich von Tannen- und Kiefernwäldern geprägt wird, wachsen im tropischen Regenwald des Südens viele Edelhölzer sowie zahlreiche Orchideenarten. Bougainvilleen, Oleander, Hibiskus und Magnolienbäume sorgen für bunte Tupfer. In Mexiko gibt es 25 000 verschiedene Blütenpflanzen und nahezu überall gedeihen Kakteen. In den meist unzugänglichen Schluchten der Sierra Madre leben Schwarzbären, Wölfe, Kojoten, Füchse, Biber und Wildschweine. Im Tiefland gibt es noch Jaguare, Pumas und unzählige Affen. Des Weiteren findet man Dachs, Otter, Luchs, Ozelot, Tapir, Waschbär, Hirsch und Gürteltier. Bunt schillernde Vögel entdeckt man ständig, zu den schönsten zählen Papageien und Kolibris. In den Küstenregionen tummeln sich Pelikane und Flamingos, Reiher und Kormorane, Gänse und Enten. Die Unterwasserwelt vor der karibischen Küste ist voller tropischer Fische. Bei der Vielfalt an Reptilien steht Mexiko weltweit an erster Stelle, bei den Säugetieren an zweiter und bei den Amphibien an vierter Stelle.

Bunt im doppelten Sinn des Worts ist die Vogelwelt Mexikos

TOTENKULT

Wer das Glück hat, am 2. November, dem Allerseelentag, in Mexiko zu weilen, der kann ein bizarres Schauspiel beobachten. Am ● *Día de los Muertos,* dem Tag der Toten, davon sind die Mexikaner überzeugt, macht die Seele der Verstorbenen zu Hause einen Besuch. Für viele

FAKTEN, MENSCHEN & NEWS

ist das der wichtigste Tag des Jahres, die Vorbereitungen beginnen schon Wochen vorher. Händler präsentieren die unentbehrlichen Requisiten: Totenköpfe aus Keramik und Pappmaché, Gruppen musizierender Skelette, aufklappbare Särge, mannshohe Gerippe, die vor den Eingangstüren postiert werden. Die Bäckereien verkaufen in grellen Zuckerguss getauchte oder mit Liebesperlen beklebte Totenschädel, Schokoladenskelette und Marzipansärge. Ist die bedeutsame Nacht endlich gekommen, werden in allen Häusern und auf dem Weg zum Friedhof Kerzen entzündet, die den Toten als Wegweiser dienen sollen. Im Totenzimmer ist ein Altar aufgebaut, der mit Blumen geschmückt und mit den Lieblingsspeisen des Verstorbenen beladen ist. Oder man pilgert mit den Gaben zu den Friedhöfen. Die Totenfeiern enden in einem fröhlichen Familienfest, bei dem die vorbereiteten Leckereien verzehrt werden. In Mixquic bei Mexiko-Stadt ist das Erlebnis für Besucher besonders eindrucksvoll. Zum Totentag kommen auch immer Touristen hierher.

Waghalsig stürzen sich die *voladores* zu Flötenklängen in die Tiefe

VOLADORES

Während die *voladores,* die Vogelmenschen, sich in früheren Zeiten zu Ehren der Götter in die Tiefe stürzten, tun sie es heute überwiegend wegen der Pesos der Einheimischen und Touristen. Wo Sie die Artisten bewundern können? In Mexiko-Stadt gegenüber dem Anthropologischen Museum und vor Pyramidenanlagen befinden sich rund 30 m hohe Baumstämme. Wenn genügend Zuschauer versammelt sind, klettern fünf festlich gekleidete Indios hinauf und nehmen auf dem oben angebrachten Holzrahmen Platz. Zunächst tanzt der auf einer schmalen Plattform stehende Indio und lässt die Flöte erklingen. Auf ein Zeichen von ihm werfen sich seine vier Kameraden, an Seilen befestigt, kopfüber in die Tiefe. Bevor sich die Seile langsam rotierend abgewickelt und sie die Erde erreicht haben, vollführt jeder der *voladores* 13 Umdrehungen. Die *voladores* von Papantla *(www.voladoresdepapantla.com)* wurden von der Unesco als Kulturgut der Menschheit ausgezeichnet.

WIRTSCHAFT

Mexiko steht an 14. Stelle der größten Volkswirtschaften der Welt, an achter Stelle beim Export von Erdöl und ist im Automobilsektor viertgrößte Exportnation der Welt. Das Land, dessen Wirtschaft sich auf Dienstleistungen, Industrie und Handel gründet, ist Mitglied der OECD und der G 20. Die Regierung von Präsident Enrique Peña Nieto setzt auf den Tourismus als Devisenbringer: Pro Jahr besuchen 23 Mio. Touristen Mexiko, die mehr als 12 Mrd. US-Dollar im Land lassen.

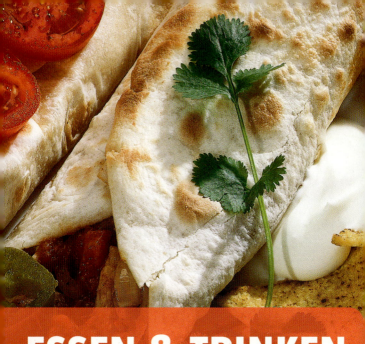

ESSEN & TRINKEN

Mais war für die Maya und Azteken Lebensmittel und Religion zugleich – heute kennen und lieben die Mexikaner Hunderte von Rezepten, die sich um die kalkhaltige Pflanze drehen.

Dennoch: die Küche des riesigen Landes, seit 2010 immaterielles Weltkulturerbe der Unesco, bietet weitaus mehr als *Tacos und Tortillas*, die in ungezählten köstlichen Variationen serviert werden. Da sind beispielsweise die leckeren Eintöpfe, *pozoles* genannt, meist mit Schweinefleisch, Chilis und kleinen würzigen Tomaten. Aus Yucatán stammt die exotisch duftende Limettensuppe, die mit Hühnerfleisch gekocht wird.

Wer die *mexikanischen Märkte* besucht, staunt über das gewaltige Angebot an frischem Gemüse, das die Händler farbenfroh arrangieren. Gehaltvolle Saucen aus Avocado, Tomaten und Chilis bereichern die Gerichte. Mit grob gehackten Zutaten, *salsa mexicana cruda* genannt, stehen sie auf den Theken der *taquerías,* damit Sie sich bedienen. Frischer Koriander *(cilantro)* findet ebenfalls als vielfältiges Würzmittel Verwendung. Daneben gehören exotische Zutaten wie Kürbisblüten, die fleischigen Blätter des Feigenkaktus und Agaven seit präkolumbischen Zeiten zur Küche, werden *Meeresfrüchte in Limettensaft* mariniert und zu ungewöhnlichen Cocktails verarbeitet.

Als besonders traditionsreich gilt die Küche des Hochlands. In den Klosterküchen der Kolonialstadt Puebla wurden, so heißt es, die ersten *chiles poblanos* – mit Hackfleisch, Früchten und Nüssen gefüll-

Bild: *fajitas* und Tacochips

Kaum eine Mahlzeit, in der der Mais nicht mitmischt. An Mexikos Küsten sollten Sie aber auch Fisch und Meeresfrüchte probieren

te Chilischoten – kreiert, die zu den beliebtesten Gerichten der Mexikaner zählen. Entlang der Pazifikküste gehören Fisch und Meeresfrüchte zum Speiseplan, über Holzkohle geräucherter *róbalo* (Wolfsbarsch) und *camarones* (Garnelen) in würziger Zubereitung. Berühmtestes Gericht ist der *pescado a la veracruzana,* Fischfilet mit einer Sauce aus Tomaten, Kapern, Chili und grünen Oliven.

Das ***Frühstück*** *(desayuno)* ist reichhaltig. Bei Einheimischen beliebt sind *huevos rancheros* (Spiegeleier auf Tortillas mit Chilisauce und Bohnenbrei) und *huevos a la mexicana* (Rührei mit Tomate und Chili). Dazu serviert man Ihnen einen *café americano* (leider meistens recht dünn), seltener einen *café de olla,* einen ***mit Zimt veredelten, starken Kaffee***. Die Mexikaner nehmen ihre Mahlzeiten spät ein: das Mittagessen erst ab 14 Uhr und das Abendessen nicht vor 21 Uhr. Während es mittags oft nur einen kleinen Snack gibt, wird abends ausgiebig gespeist.

Ein wirklich unentbehrlicher Bestandteil der mexikanischen Küche ist die Tortilla,

SPEZIALITÄTEN

COMIDAS (SPEISEN)

cabrito – Ziege, gegrillt/gebraten
caldo tlalpeño – Brühe mit Hühnchen, Zwiebeln, Chili und Avocado
carne asada – dünne, gebratene Rindfleischscheiben
ceviche – Cocktail aus rohen Meeresfrüchten mit Zwiebeln und Tomaten
chicharrones – knusprig gebackene Stückchen Schweineschwarte
chilaquiles – Tortillastückchen mit Käse, Tomatensauce und Zwiebeln
chiles en nogada – gekochte Chilischoten in Nusssauce
cochinita pibil – yucatekisches Wildschweingericht, kräftig gewürzt
guacamole – pürierte Avocados mit Zitronensaft und Tomaten (Foto re.)
huachinango a la veracruzana – Rotbarsch in scharfer Tomatensauce mit Kapern und Oliven
mole poblano – Sauce mit vielen Zutaten, darunter Zimt und Schokolade
pechuga en nogada – Hühnerbrust in Nusssauce
pocchuc – yucatekisches Schweinefleisch, in Orangensaft mariniert
pollo asado – scharf gewürztes Brathähnchen
pozole – Eintopf aus Mais, Schweinefleisch, Chili und Zwiebeln
tamales – in Maisblättern gedämpfte Maisklöße, gefüllt mit Fleisch und Chili (Foto li.)

BEBIDAS (GETRÄNKE)

agua fresca – Wasser mit püriertem Obst oder Fruchtsaftkonzentrat
atole – Wasser mit Maisstärke
horchata – gemahlener Reis (oder Melonenkerne) mit Wasser
licuado – Milchshake (oder Wasser) mit Fruchtsaft
pulque – vergorener Agavenmost
xocolatl (chocolatl) – heiße Schokolade mit Wasser und Zimt

ein dünner Maismehlfladen, der in immer neuen Variationen gefüllt wird. Frittiert wird er zum Taco, in den Käse, Huhn- oder Fischstücke, Hackfleisch, Eier oder Gemüse eingeschlagen sind, gefüllt und in einer pikanten Sauce gekocht isst man ihn als *enchilada*, mit Sauerrahm oder Käse bedeckt als *enchilada suiza* oder mit Käse gefüllt als *quesadilla.* Gebratene und mit Huhn oder Fleisch, Bohnenpüree

ESSEN & TRINKEN

und Käse belegte Tortillas nennt man *tostadas.* Sind die Fladen statt aus Mais- aus Weizenmehl gebacken, heißen sie *burritos.* Zu zahlreichen Gerichten werden Bohnen *(frijoles)* serviert, oft gebraten als **Bohnenbrei** *(frijoles refritos).* Zutaten wie frischer Agavensaft, Hibiskusblüten und geschmorte Bananenblätter setzen exotische Akzente.

Als Aperitif sind **piña colada** (Kokosmilch, Ananassaft und Rum mit zerstoßenem Eis aufgeschäumt) und **margarita** (geeister Limettensaft mit einem Schuss Tequila und Orangenlikör, serviert in einem Glas mit Salzrand) sehr beliebt. Gut zum mexikanischen Essen passt das einheimische Bier; empfehlenswert sind Bohemia, Carta Blanca und Corona. Die einheimischen Weine sind durchweg schmackhaft und wesentlich preiswerter als die importierten.

Agavenfelder prägen den Bundesstaat Jalisco. Die Tequilaagaven sind Rohstoff für Mexikos berühmten Schnaps, eben den **Tequila**: Aus dem fermentierten Saft des Herzstücks der Agave werden pro Jahr über 70 Mio. l gebrannt. Während man die jüngeren Jahrgänge normalerweise mit Salz und Zitrone trinkt, genießt man reifen Tequila *(añejo)* pur wie einen guten Cognac.

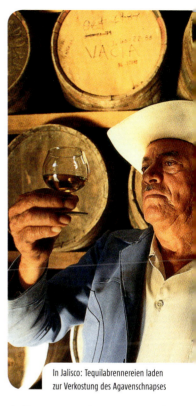

In Jalisco: Tequilabrennereien laden zur Verkostung des Agavenschnapses

Essen gehen in Mexiko ist meist ein Erlebnis, ein Gaumen- und Augenschmaus. Eine mexikanische Besonderheit sind die überall anzutreffenden **Obststände**, wo Orangen, Papayas und Ananas zu Säften gepresst werden. In Mexiko-Stadt und den Städten aus der Kolonialzeit finden sich stilvolle, in historischen Gebäuden untergebrachte Restaurants. Hier speisen Sie **in romantischen Innenhöfen** mit Blick auf plätschernde Brunnen und üppige Gewächse. Häufig werden die Gäste mit mexikanischer Volksmusik unterhalten. Nicht selten wird auch ein preiswertes Tagesgericht *(comida corrida,* für 6–10 Euro, teilweise mit Getränk) angeboten.

Auch wenn die Fischgerichte in den kleinen Strandküchen noch so verlockend aussehen: Wenn keine Speisekarte vorhanden ist und das Angebot mündlich vorgetragen wird, sollten Sie nach dem Preis fragen und sicherstellen, dass beide Parteien ihn verstanden haben und sich einig sind.

Vor Leitungswasser, Speiseeis, mit Eiswürfeln gekühlten Getränken, rohem Gemüse und ungeschältem Obst ist zu warnen. Bei „Montezumas Rache" hilft das mexikanische Präparat Lomotil (Vorsicht bei Schwangerschaft!).

EINKAUFEN

Mexiko verführt zum Kaufen. Das Kunsthandwerk ist von höchstem Rang und deshalb weltweit in den teuersten Boutiquen vertreten. Typisch für die Waren ist ihre Farbenpracht. *Arte Popular* oder *artesanías* – so die Bezeichnung für die künstlerisch sehr hochwertig gearbeiteten Artikel – sind deshalb Spiegelbild der in Mexiko verbreiteten Liebe zum Farbenfrohen und Fröhlichen.

Größere Städte verfügen über regierungseigene Fonart-Geschäfte und über *casas de artesanías,* in denen zu festen Preisen ein erster Überblick angeboten wird. Da die mexikanische Kunsthandwerksproduktion regional ausgerichtet ist, wird man auf der Reise durch das Land immer wieder mit neuen, ungewohnten Produkten und Herstellungstechniken vertraut gemacht.

Inspirierend ist ein Ausflug nach Tlaquepaque bei Guadalajara, einer Ansammlung von hochwertigen Kunsthandwerksbetrieben. Anspruchsvoll ist das Angebot auch in den Städten des Hochlands wie San Miguel de Allende, Puebla oder Guanajuato. In den auf Massenwaren zugeschnittenen Einkaufszentren von Acapulco und Cancún kaufen Sie zwar günstig US-amerikanische Freizeitmode, nicht aber hochwertige Handwerksprodukte.

FLECHTARBEITEN

Auch von Einheimischen benutzt werden Flechtarbeiten, die Indios für wenige Pesos verkaufen. Unentbehrliches Requisit des mexikanischen Dolce Vita sind die farbenfrohen Hängematten *(hamacas)*. Besonders groß ist die Auswahl in Mérida (Yucatán).

HOLZWAREN

Feine, mit Lackmalerei verzierte Holzkästchen, Teller, Truhen und Schalen stammen aus Uruapán im Bundesstaat Michoacán, bemalte Holztiere kommen aus Oaxaca.

SILBER

Silberwaren werden schon seit vorspanischer Zeit hergestellt. Das Mekka der Silberschmiede ist Taxco. Das Edelmetall wird zu Ringen, Ohrringen, Ketten, Gürteln und Schnallen verarbeitet.

TEQUILA

Lohnend ist der Kauf hochwertiger Tequilamarken, z. B. die gereiften Sorten von Don Julio oder Cuervo. Der Namenszu-

Von der Hängematte bis zum Holztier: In der bunten Vielfalt des mexikanischen Kunsthandwerks werden Sie sicher fündig

satz *reposado* kennzeichnet zwölf Monate gereiften Tequila. *Añejo* wurde zwischen ein und drei Jahren, *extra añejo* länger als drei Jahre im Fass gelagert. Auf Tequila spezialisierte Geschäfte, oft *Tequila Museum* genannt, bieten Hunderte Sorten und auch Verkostung an.

TÖPFERHANDWERK & KERAMIK

Besonders schöne Töpferarbeiten sind die im Bundesstaat Michoacán von den Tarasken geformten Tonwaren, die mit einem leuchtend grünen Überzug versehen werden. Aus Puebla kommen die Lebensbaumkeramik sowie seit spanischer Zeit die mit arabesken Mustern versehenen, gelb-blauen Kacheln *(azulejos)* und Talaverageschirr. In einem metallisch anmutenden, schwarzen Glanz schimmern die in der Nähe von Oaxaca gebrannten Vasen. Im Töpferdorf Tonalá wird die Keramik mit einer phantasievollen Bemalung verziert.

TRACHTEN & TEXTILIEN

Neben Töpferarbeiten bestechen insbesondere kunstvoll handgewebte Textilien. Es sind meist Indios, die die traditionellen weiten Blusen, Schals, Röcke, Kleider und Tischdecken herstellen. Kaufen Sie direkt bei den Indiofrauen ein und nicht in den teuren Geschäften, die die Produzenten nur zu einem Bruchteil am Gewinn beteiligen.

Die schönsten Trachten sind in Chiapas zu finden, dem Bundesstaat mit dem höchsten Indianeranteil. In jedem Dorf sieht man eigene Kombinationen von Farben und Mustern, hüllen sich die Frauen in andere *huipiles,* blusenartige, handgewebte Überwürfe, die mit Brokat- oder Stickmotiven verziert werden. Dazu kommen ein Rock *(corte),* der mit einem Gürtel zusammengehalten wird, sowie ein Schal *(rebozo).* In der Gegend um San Cristóbal de las Casas tragen die Frauen weiße Blusen mit üppig bestickten Halskrausen.

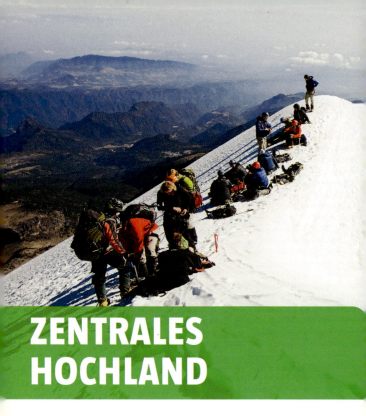

ZENTRALES HOCHLAND

Drei Kulturen prägen diese Landschaft, in der eine der größten Städte der Erde liegt. Über allem thronen die Vulkane. Eine Reise in das zentrale Hochland ist immer auch eine Reise zu den Wurzeln des modernen Mexikos.

Hier auf einer Hochebene von über 2000 m siedelten die ersten Indios bereits vor Tausenden von Jahren und im 14. Jh. gründeten die Azteken dort ihre Hauptstadt. Auf den Trümmern ihres Tenochtitlán, auf den Ruinen der gewaltsam zerstörten Pyramiden und Tempel ließ der spanische Konquistador Hernán Cortés prunkvolle Kirchen und Paläste erbauen. Er taufte den Ort La Ciudad de México. Heute ist Mexiko-Stadt die bevölkerungsreichste Metropole des amerikanischen Kontinents.

Im zentralen Hochland Mexikos erwarten die Besucher sowohl präkolumbische Tempelbezirke als auch einige der schönsten Kolonialstädte. In Teotihuacán, dem „Ort der Götter", errichtete ein bis heute unbekanntes Volk ein Kultzentrum von riesigem Ausmaß. Im denkmalgeschützten Städtchen Taxco hat das Silber verarbeitende Handwerk eine mehrere Jahrhunderte zurückreichende Tradition.

Der Vulkangürtel der Sierra Volcánica Transversal beherrscht diese Region. Er wird von den höchsten Bergen und Vulkanen Mexikos gebildet, die teilweise schneebedeckt und heute überwiegend nicht mehr tätig sind. Der berühmteste, der Popocatépetl, kann jedoch seit einiger Zeit wegen erhöhter Ausbruchsgefahr nicht mehr bestiegen werden.

Bild: Pico de Orizaba

Vulkane und riesige Metropolen prägen das Hochland. Pyramiden und spanische Prachtbauten zeugen von der Geschichte

Es ist für Europäer ein klimatisch angenehmes Reiseland: Tagsüber herrschen Temperaturen wie hierzulande im Frühling, meist scheint die Sonne, nur nachts wird es ein wenig kühl.

GUADALAJARA

(174 C3) *(* *H9)* **Die geschäftige 5-Mio.-Ew.-Stadt, die zweitgrößte des Landes, vereint die Vor- und Nachteile einer Industriemetropole mit einem reichen kulturellen Erbe.**
Von der zentralen *plaza* aus erreichen Sie gewaltige Paläste und reich verzierte Kirchen zu Fuß, dazwischen laden nette Cafés zur Pause ein. Große Teile des Zentrums sind Fußgängerzone. Eine romantische Atmosphäre hält auf den zahlreichen *plazas* im Frühling Einzug, wenn die Jacarandabäume in Blüte stehen und die Indischen Lorbeerbäume ihre Kronen über die Parkbänke breiten.

GUADALAJARA

SEHENSWERTES

CATEDRAL
Das Zentrum der Stadt wird von der Kathedrale aus dem 16. Jh. beherrscht. Als die Zwillingstürme der Kirche bei einem Erdbeben Anfang des 20. Jhs. zerstört wurden, erneuerte man diese in byzantinischem Stil. *Tgl. 7–21 Uhr | Alcalde/Hidalgo*

In die Kuppel des Instituto Cabañas malte Orozco seinen ergreifenden „Mensch in Flammen"

INSTITUTO CULTURAL CABAÑAS ★ ●
Im wunderschönen Ambiente des ehemaligen Waisenhauses von 1805 mit 23 Innenhöfen sind die Werke des großen mexikanischen Malers und Muralisten José Clemente Orozco ausgestellt. Höhepunkt ist das weltbekannte Bild „Mensch in Flammen". Betrachten Sie das Werk, das der Künstler in eine Kuppel gemalt hat, am besten liegend von einer der dazu bereitgestellten Bänke aus. Das Gebäude wurde von Manuel Tolsá im neoklassizistischen Stil erbaut. Es dient heute als Kulturzentrum, Museum sowie Kunstschule und zeigt wechselnde Kunstausstellungen. *Di–Sa 10–18, So 10–15 Uhr | Hospicio Cabañas 8 (am Ende der Plaza Tapatía, zwischen República und Allende)*

MUSEO REGIONAL
In einem Gebäude des 18. Jhs. sind in zahlreichen durch Patios miteinander verbundenen Räumen Exponate zur präkolumbischen Geschichte sowie zur spanischen Kolonialzeit ausgestellt. *Di–Sa 9–17.30, So 9–16.30 Uhr | Hidalgo/Liceo 60 (an der Plaza de la Liberación)*

PALACIO DE GOBIERNO
Mit dem Gebäude, das 1643 errichtet wurde, sind zahlreiche historische Ereignisse verbunden. So gelang es dem mexikanischen Präsidenten Benito Juárez, sich vor den französischen Truppen hierher zu flüchten. Im Treppenaufgang des barocken Palasts befindet sich ein groß-

ZENTRALES HOCHLAND

formatiges Wandgemälde von José Clemente Orozco, in dem der Künstler dem mutigen Kampf des Paters Hidalgo für die mexikanische Revolution ein Denkmal setzte. *Mo–Fr 9–17 Uhr | Avenida Ramón Corona 31 (an der Plaza de Armas)*

PLAZAS ★
Die Kathedrale ist umgeben von vier wunderschönen *plazas*. Auf der Seite des Portals befindet sich die *Plaza de los Laureles,* der Platz der Indischen Lorbeerbäume. Zwischen Kathedrale und Palacio de Gobierno liegt die *Plaza de Armas* mit einer viktorianischen Rundbühne. Auf der anderen Seite der Kirche stoßen Sie auf die *Rotonda de los Hombres Ilustres,* eine gepflegte Grünanlage mit lebensgroßen Bronzestatuen von Männern, die sich um die Stadt verdient gemacht haben. Schließlich liegt hinter der Kathedrale die *Plaza de la Liberación* mit kolonialen Brunnen und einem Standbild von Hidalgo. Dieser Platz zieht sich in östlicher Richtung als *Plaza Tapatía* bis zum Hospicio Cabañas und ist flankiert von prächtigen kolonialen Gebäuden – die 500 m lange Strecke ist Fußgängerzone und ideal zum Spazieren.

TEATRO DEGOLLADO
In dem klassizistischen Gebäude, dessen goldüberladenes Inneres funkelnde Kristalllüster erhellen, werden Opern, Operetten und Konzerte sowie sonntagvormittags die Aufführungen des Ballet Folklórico geboten. *Di–Sa 10–14 Uhr | Belén/Degollado*

MARCO POLO HIGHLIGHTS

★ **Instituto Cultural Cabañas in Guadalajara**
Ein ehemaliges Waisenhaus verwandelte sich in einen Stadtpalast und erfüllt einen neuen Zweck als Museum und Kulturzentrum → S. 36

★ **Plazas von Guadalajara**
Die Kathedrale und der Palacio de Gobierno von Guadalajara sind umgeben von mehreren prächtig gestalteten *plazas* → S. 37

★ **Guanajuato**
Die romantische Bergwerksstadt schmückt sich mit einer reichen kolonialen Architektur → S. 39

★ **Museo Nacional de Antropología in Mexiko-Stadt**
Die einzigartigen Schätze der präkolumbischen Kulturvölker werden in der Hauptstadt ansprechend präsentiert → S. 45

★ **Zócalo von Mexiko-Stadt**
Der gewaltige Platz ist umgeben von der Kathedrale, dem Nationalpalast und der Aztekenstätte Templo Mayor → S. 47

★ **Teotihuacán**
Entdecken Sie Tempel, Grabstätten und Pyramiden in der 2000 Jahre alten Götterstadt → S. 50

★ **Santa María Tonantzintla**
Die Kirche bei Cholula ist ein Höhepunkt des mexikanischen Barocks → S. 59

★ **San Miguel de Allende**
Im mexikanischen Hochland versteckt sich dieses koloniale Kleinod → S. 61

★ **Taxco**
Schlendern Sie durch die hübschen Gässchen der Silberstadt am Fuß der Berge → S. 64

GUADALAJARA

ESSEN & TRINKEN

CASA FUERTE
Das prächtige Stadtpalais im Vorort Tlaquepaque offeriert Spezialitäten der Region und ausgefallene Fischgerichte. *Tlaquepaque | Calle Independencia 224 | Tel. 0133 36396481 | www.casafuerte.com | €€€*

TLAQUEPAQUE UND TONALÁ
Das nur 7 km von Guadalajara entfernte Städtchen Tlaquepaque ist zu einem herausragenden Einkaufsziel für mexikanische Produkte avanciert. Die Auswahl an Kunsthandwerksbetrieben und -geschäften ist riesengroß. Eine hübsche Fußgängerzone führt vorbei an den schönsten Läden und Restaurants – oft gelegen

Filigranarbeit: Kunsthandwerk im Töpferort Tonalá bei Guadalajara

CAFÉ MADOKA
Das große Café ist sehr beliebt und bietet regionale Spezialitäten. *Enrique González Martínez 76–78 (Centro) | Tel. 0133 36130649 | €*

EINKAUFEN

MERCADO LIBERTAD 🟠
Der Besuch des in einem modernen Gebäude untergebrachten Markts lohnt wegen der betriebsamen Atmosphäre und der Vielfalt der Gourmetstände. Im ersten Stock servieren **INSIDER TIPP** kleine Restaurants die gesamte Palette mexikanischer Volksküche. *Javier Mina/Cabañas*

in romantischen Patios – und vielen Werkstätten, die auch besucht werden können.

12 km südlich von Guadalajara liegt der wesentlich ländlichere Töpferort Tonalá. Dutzende Werkstätten und Geschäfte laden auch hier zum Schauen und Kaufen ein. Am Sonntag und Donnerstag ist Markt.

ÜBERNACHTEN

HOTEL DE MENDOZA
Der koloniale Stadtpalast in der Innenstadt besitzt zahlreiche Terrassen und vom 🌿 Dach haben Sie einen tollen

ZENTRALES HOCHLAND

Blick auf das historische Zentrum. *104 Zi. | Avenida Venustiano Carranza 16 | Tel. 0133 39 42 51 51 | www.demendoza.com.mx | €€*

INSIDER TIPP ▶ MORALES
In dieser historischen Residenz genießt man luxuriöse Betten und romantische Arkadengänge. *98 Zi. | Avenida Corona 243 | Tel. 0133 36 58 52 32 | www.hotelmorales.com.mx | €€*

QUINTA REAL
Die üppig dekorierte Hacienda entführt Sie ins Leben der mexikanischen Oberschicht. Große Suiten und wunderbare Gärten. *28 Suiten | Vallarta Norte | Avenida México 2727 | Tel. 0133 36 69 06 00 | www.quintareal.com | €€€*

AUSKUNFT
Morelos 102 (Plaza Tapatía) | Tel. 0133 36 68 16 00 | vive.guadalajara.gob.mx

ZIEL IN DER UMGEBUNG

LAGO DE CHAPALA
(174–175 C–D3) (*M H–J9*)
Der etwa 60 km südöstlich von Guadalajara gelegene Chapalasee, der größte See des Landes, trocknet an der Ost- und Südseite zunehmend aus. Das angenehme Klima und die schöne Umgebung haben das Nordufer zu einem Domizil für Tausende pensionierte US-Amerikaner werden lassen. Wenn Sie länger bleiben wollen, mieten Sie sich am besten eine preiswerte Ferienwohnung.
Für einen Spaziergang eignen sich die drei am Nordrand gelegenen Dörfer. *Chapala* lockt mit mexikanisch-amerikanischem Flair und viktorianisch anmutenden Häusern zwischen blühenden Bougainvilleen. *Ajijic* ist ein besonders schönes Kolonialdorf im Bundesstaat Jalisco. Von der Plaza aus lassen sich Kunstgewerbeläden, Galerien und Boutiquen mit Ethnomode entdecken, untergebracht in prächtigen Wohnhäusern.

GUANAJUATO

(175 E3) (*M J9*) ★ **Guanajuato, inmitten eines Tals in über 2000 m Höhe gelegen, ist eine der schönsten kolonialen Städte des Landes.**

Zur Atmosphäre der Universitätsstadt (160 000 Ew.) tragen kleine *plazas,* ein Gewirr enger Gassen und steiler Treppen sowie bunt gekalkte Hausfassaden bei. Durch ein trockengelegtes Flussbett wie durch ehemalige Minenschächte schlängeln sich unterirdische Straßen – überbaut oder durch die Felsen gesprengt. Musiker geben ihr Stelldichein am Pavillon des Zentralplatzes, des *Jardín de la Unión.* Stimmungsvolle Frühstückscafés und Freiluftrestaurants gruppieren sich um den Platz.

Die Stadt ist eine Schatzkammer an Kirchen und kolonialen Gebäuden, Überbleibsel des ehemaligen Reichtums: Die Spanier hatten hier mehrere große Silberminen entdeckt. An die Bergwerkstradition erinnern die auf vielen Plätzen als Pflanztröge aufgestellten Loren mit Blumen und Lorbeerbäumen.

SEHENSWERTES

ALHÓNDIGA DE GRANADITAS
Das Gebäude, ein festungsartiger Getreidespeicher von enormer Größe, um den während des Unabhängigkeitskampfs eine bedeutende Schlacht tobte, wird auch „Mexikos Bastille" genannt. José Martínez, einem jungen indianischen Minenarbeiter, verdanken die Aufständischen ihren Sieg. Er setzte ein Tor der Alhóndiga, in die sich die royalistische

GUANAJUATO

Armee zurückgezogen hatte, in Brand und ermöglichte so den Rebellen den Zugang. Es war nur ein vorläufiger Sieg, denn später nahmen die Spanier die Anführer gefangen und exekutierten sie. Ihre Köpfe wurden zehn Jahre lang an der Alhóndiga zur Schau gestellt. Heute dient das Bauwerk als Gedenkstätte und Regionalmuseum mit Dokumenten zum Unabhängigkeitskampf und zur Silbergewinnung. *Di–Sa 10–18, So 10–15 Uhr | 28 de Septiembre/Mendizábal 6*

fentlich zugänglich. Und als Dreingabe sind knapp 100 seiner Werke ausgestellt. *Di–Sa 10–19, So 10–15 Uhr | Positos 47*

INSIDER TIPP MUSEO ICONOGRÁFICO DE QUIJOTE

In Guanajuato lebt der spanische Dichter Miguel de Cervantes weiter. Die Stadt begeht jedes Jahr im Oktober das Cervantes-Festival mit Theateraufführungen sowie mit Jazz und klassischer Musik. Das Museum, ein vornehm restauriertes Ko-

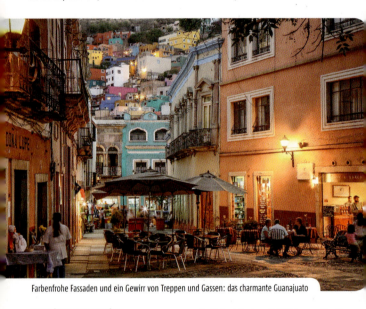

Farbenfrohe Fassaden und ein Gewirr von Treppen und Gassen: das charmante Guanajuato

JARDÍN DE LA UNIÓN

Unter den Arkaden, Markisen und Lorbeerbäumen des zentralen Platzes spielt sich das öffentliche Leben von Guanajuato ab. Bis tief in die Nacht wird in den umliegenden Restaurants getafelt.

MUSEO CASA DIEGO RIVERA

Pilgerort für Kunstinteressierte: Das Geburtshaus des großen Malers, ein Stadthaus im typischen Guanajuatostil, ist öf-

lonialgebäude, zeigt Bilder und kostbare Erstausgaben von Don Quijote. *Di–Sa 19.30–19, So 12–19 Uhr | Manuel Doblado 1 | www.museoiconografico.guanajuato.gob.mx*

MUSEO DE LAS MOMIAS

Durch Glasscheiben starren Sie 119 Mumien an: aufrecht stehend, in Gruppen versammelt oder im Glaskasten liegend und zum Teil noch mit Stofffetzen beklei-

ZENTRALES HOCHLAND

det. Die meisten stammen aus der Zeit der Wende zum 20. Jh. Vermutlich sind es die mineralreiche Erde und die trockene Luft Guanajuatos, die für eine schnelle Mumifizierung der Leichen sorgten. *Tgl. 9–18 Uhr | Tepetapa (auf einem Hügel nordwestl. des Zentrums) | Cementerio Municipal, Explanada del Panteón | www.momiasdeguanajuato.gob.mx*

EL PÍPILA
Einen Panoramablick auf die Stadt haben Sie von dem gewaltigen, rosafarbenen Denkmal für José Martínez, genannt El Pípila. Am besten, Sie lassen sich mit dem Taxi hinauffahren oder benutzen die **INSIDER TIPP** Standseilbahn *(funicular)*, die hinter dem Teatro Juárez auf Schienen hinaufführt. Genießen Sie die Aussicht und wandern Sie anschließend über den Fußweg hinab. *Carretera Panorámica südöstl. der Stadt*

TEATRO BENITO JUÁREZ
Das pompöse, 1903 eröffnete Theater muss man gesehen haben: Dorische Säulen tragen das Dach, von dem huldvoll die neun Musen blicken. Drinnen herrschen Gold, Stuck und Plüsch. *Di–So 9–13 und 16–18 Uhr | Sopeña (Südseite des Jardín de la Unión)*

UNIVERSIDAD
Über eine lange Treppe erreichen Sie das auffällige Universitätsgebäude. Es wurde 1955 an der Stelle eines Jesuitenkollegs im maurischen Stil erbaut und bietet einen schönen Blick über die Altstadt. Nebenan liegt die *Compañía*-Kirche von 1765. *Positos*

ESSEN & TRINKEN

INSIDER TIPP EL GALLO PITAGÓRICO
Das Restaurant liegt auf einem Hügel hinter dem Teatro Juárez, den Sie über eine lange Treppe erreichen. Vom Dachgarten aus haben Sie einen phantastischen Blick über die Stadt. Serviert werden Gerichte der gehobenen italienischen Küche. *Constancia 10 | Tel. 01473 7 32 94 89 | €€*

EL TRUCO SIETE
Das unkonventionelle Restaurant empfängt Sie mit viel Künstlerflair und legerer Atmosphäre. Sie sitzen auf groben Holzstühlen und speisen mexikanische Gerichte und Snacks. Ein Hingucker ist die Sammlung historischer Transistorradios. Auch fünf Gästezimmer. *Truco 7 | Tel. 01473 7 32 83 74 | www.hospederiadeltruco7.com | €*

EINKAUFEN

In Guanajuato bekommen Sie auf den Straßen und Plätzen günstig Aquarelle und Ölbilder, die oftmals koloniale Gebäude der Stadt zeigen. Sehenswert ist auch der *Mercado Hidalgo (Avenida Juárez)* in einem Jugendstilmetallbau, wo Sie u. a. preiswertes Kunsthandwerk kaufen können.

ÜBERNACHTEN

CASA MÁGICA
Durch die schwere Holztür gelangen Sie zur Rezeption und dann in den versteckten Garten. Eine eiserne Treppe führt vom Patio hinauf auf eine Galerie mit den Zimmern. Die Räume sind teilweise antik ausgestattet und dekoriert, einige verfügen über einen stimmungsvollen Blick ins Grüne. *8 Zi. | Paseo de la Fresa 79a | Tel. 01473 7 31 23 01 | www.casamagicahotel.com | €€*

INSIDER TIPP VILLA MARÍA CRISTINA
Etwas außerhalb des Zentrums liegt diese Stadtvilla aus dem 19. Jh. im unge-

GUANAJUATO

wöhnlichen französischen Stil mit Springbrunnen, umlaufenden Patiogängen und historischen Steinkacheln, kleinen Gärten mit Buchsbäumen und schmiedeeisernen Gittern. Die großen, hohen Räume mit Parkettfußböden sind luxuriös ausgestattet, die Marmorbäder haben Jacuzzis und zum hoteleigenen Spa gehört ein großes Thermalschwimmbad. Ebenfalls im Haus befindet sich ein hervorragendes Restaurant. *13 Suiten | Paseo de la Presa de la Olla 76 | Tel. 01473 7312182 | www.villamariacristina.net |* €€€

EL MINERO
Das Haus hat vier Stockwerke, aber leider keinen Fahrstuhl. Die preiswerten Zimmer mit unterschiedlicher Ausstattung haben entweder ein Bad oder Dusche und Ventilator. Teilweise sind die Räume jedoch laut. Empfehlenswert sind diejenigen im 1. Stock mit Fenster zum Innenhof. *20 Zi. | Alhóndiga 12a | Tel. 01473 7325251 |* €

MESÓN DEL ROSARIO
Antike Holzbalken und typisch mexikanische Schmuckkacheln prägen das Kolonialgebäude im Zentrum. Die einfachen Zimmer sind unterschiedlich ausgestattet. Schauen Sie sie besser an, bevor Sie einchecken. *34 Zi. | Avenida Juárez 31 | Tel. 01473 7323284 | www.hotelmesondelrosario.com.mx |* €

CASA VIRREYES
Das Hotel befindet sich im historischen Zentrum von Guanajuato. Von einigen Zimmern, die um den verglasten Innenhof herum liegen, blicken Sie auf die Plaza de la Paz. Für Reisende, die mit dem Auto unterwegs sind, interessant: Das Hotel besorgt einen Parkplatz. *16 Zi. | Plaza de la Paz 49–51 | Tel. 01473 7340815 | www.hotelcasavirreyes.com |* €€

LOW BUDGET

Im *Villa Calmecac Hostal Ecoturístico (9 Zi. | Colonia Buenavista | Zacatecas 114/Tanque | Tel. 01777 3132918 | www.villacalmecac.com)* in Cuernavaca kostet die Übernachtung mit Frühstück nur wenige Euro; ökologische Exkursionen können dazugebucht werden.

Im *Palacio Nacional (tgl. 9–17 Uhr | Zócalo | Metro: Zócalo)* von Mexiko-Stadt sind berühmte *murales* von Diego Rivera zu sehen. Der Eintritt ist frei. Sie müssen lediglich Ihren Ausweis vorzeigen.

Billige Betten (auch Doppelzimmer) mit Frühstück und preiswertem Dinner auf dem Dachgarten mit Blick zum Zócalo offeriert das *Hotel Amigo Zócalo (Moneda 8 | Metro: Zócalo | Tel. 0155 55225803 | www.hostalamigo.com)* im Zentrum von Mexiko-Stadt.

Ein Bett ab 15 US-$ (auch Doppelzimmer mit Bad) in bester Lage in Mexiko-Stadt finden Sie im *Hostel Mundo Joven Catedral (Guatemala 4 | Metro: Zócalo | Tel. 0155 55181726 | www.mundojovenhostels.com)*. Von dort fahren Kleinbusse *(www.wayakbus.com)* preiswert zu anderen Hostels Mexikos.

AUSKUNFT
Plaza de la Paz 14 | Tel. 01473 7327622 | www.aboutguanajuato.com

ZENTRALES HOCHLAND

MEXIKO-STADT

KARTE IM HINTEREN UMSCHLAG
(176 B3) *(L9–10)* **Bereits vom Flugzeug aus lässt sich die ungeheure Größe von Mexiko-Stadt (Ciudad de México)** ken verpesten die Luft – und ein Drittel der Bewohner kocht auch im 21. Jh. noch mit Holzkohle.

Der Paseo de la Reforma, ein teilweise zehnspuriger Prachtboulevard, ist neben der über 50 km langen Avenida Insurgentes die zentrale Achse der 25 Mio. Ew. zählenden Metropole. Hier quälen sich täglich Zehntausende von Autos entlang

Am Paseo de la Reforma erhebt sich die Säule mit dem Ángel de la Independencia

erahnen: Ein Gewirr von Straßen und Flachdächern, Wolkenkratzern und Grünanlagen tut sich auf.

Beim Landeanflug hat man oft einen hervorragenden Blick über die selbst im Sommer schneebedeckten Vulkane Popocatépetl und Ixtaccíhuatl. Aufgrund des stets präsenten Smogs kann man vom Boden aus diese Wahrzeichen der Hauptstadt nur selten erkennen. 3,5 Mio. Kraftfahrzeuge und rund 30 000 Fabri- – außer INSIDERTIPP sonntagvormittags, wenn er von 7 bis 14 Uhr für Autos gesperrt ist. Hier liegen aber auch prächtige Paläste und moderne Hochhäuser wie das höchste Gebäude Lateinamerikas, der 225 m und 55 Stockwerke hohe Büroturm *Torre Mayor*. Die grünen Lungen der Stadt sind der Chapultepec- und der Alamedapark, besonders an Wochenenden beliebte Anlaufstellen mexikanischer Großfamilien.

43

MEXIKO-STADT

> **WOHIN ZUERST?**
> **Zócalo (U F3)** (*f3*): Von den vier großen Busbahnhöfen und dem Flughafen kommen Sie mit der Metro ins Stadtzentrum, das *Centro Histórico* (Station Zócalo). An einem der dortigen Informationskioske bekommen Sie einen Stadtplan. Am Zócalo liegen der Nationalpalast, die Kathedrale sowie die archäologische Stätte Templo Mayor. Über die Avenida Madero oder die 5 de Mayo spazieren Sie vorbei an spanischen Stadtpalästen und Kirchen zum Parque Alameda Central und dem Palacio de Bellas Artes.

Größe und Armut, Glanz und Schmutz liegen dicht beieinander. In der Zona Rosa, dem feinen Einkaufs- und Unterhaltungszentrum, treffen sich die Reichen und Schönen. Die bedeutendsten kolonialen Gebäude gruppieren sich um den Zócalo, einen riesigen Platz mitten im Zentrum der Stadt, auf dem heute Feierlichkeiten und Paraden stattfinden. Im Nationalpalast, dem Regierungssitz des mexikanischen Präsidenten, prangt eines der bedeutendsten Wandgemälde des Landes: die von Diego Rivera gestaltete Geschichte des „Mexiko über die Jahrhunderte". Die Kathedrale der Stadt, die größte des amerikanischen Kontinents, ist ein Musterbeispiel kolonialer Prachtentfaltung.

Mexiko-Stadt ruht auf historischem Boden: Wo heute die Kolonialbauten der Spanier stehen, befanden sich bis 1521 Pyramiden, Tempel und indianische Paläste: Im 14. Jh. hatten die Azteken auf einer Insel des Texcocosees Tenochtitlán gegründet; die Siedlung wuchs zum prächtigen Zentrum ihres Reichs. Cortés und seine Männer machten 1521 alles dem Erdboden gleich. In der Folgezeit wurden die Seen trockengelegt. An die kunstvollen schwimmenden Gärten der Azteken erinnert heute nur noch das südlich der Stadt gelegene Xochimilco, ein Komplex labyrinthartig angelegter Seen und Kanäle.

SEHENSWERTES

Der *Autobús Turístico (www.turibus.com.mx)* fährt täglich von 9 bis 21 Uhr im 35-Minuten-Takt zwischen Zócalo und Chapultepec *(Centro Histórico)* viele Sehenswürdigkeiten an (19 Stopps). Weitere Routen führen nach Polanco und Chapultepec (sieben Stationen), über Coyoacán und die Universität in den Süden der Stadt bis Tlalpan (17 Stationen) und zur Plaza Garibaldi und Basilika (vier Stationen). Sie dürfen nach Belieben zu- und aussteigen. *Tageskarte 140, Sa/So 165 Pesos*

ALAMEDA CENTRAL (U E3) (*e3*)
Mexiko-Stadt hat viele bezaubernde Plätze; einer der nettesten ist dieser Park. Sonntags pilgern die Hauptstadtbewohner mit Kind und Kegel und einem Picknickkorb in die Großstadtoase, wo Artisten, Luftballonverkäufer und Musiker um die Aufmerksamkeit des Publikums wetteifern. Kinder spielen Ball, die Erwachsenen genießen die beschauliche, etwas altmodisch anmutende Atmosphäre. Natürlich ist der Park auch unter der Woche schön. *Centro Histórico | Metro: Bellas Artes*

BASÍLICA DE GUADALUPE ● (O) (*O*)
Am 9. Dezember 1531 soll dem Indio Juan Diego auf dem Hügel Tepeyac die Jungfrau Maria erschienen sein. Die dunkelhäutige Muttergottes trug dem Jungen auf, beim Bischof um die Errichtung einer

ZENTRALES HOCHLAND

Kirche zu ersuchen. „La Morena", die Dunkelhäutige, trug erheblich zur Missionierung der indianischen Bevölkerung bei und gilt heute als Schutzheilige Mexikos. Jeweils am 12. Dezember strömen Gläubige aus dem ganzen Land zur Wallfahrtskirche und täglich besuchen Hunderte von Pilgern den Ort. In der Basilika, die in den 1970er-Jahren neu errichtet wurde, befindet sich in einem Glasschrein der Umhang des Juan Diego. *Calzada Guadalupe | Metro: Basílica*

BOSQUE DE CHAPULTEPEC
(U A4–5) (f a4–5)

Der riesige Park hat viel zu bieten: kleine Wälder, mit Booten bestückte Seen, einen botanischen Garten, weitläufige Rasenflächen sowie einen Zoo. Auf einem Hügel liegt das *Schloss Chapultepec*, heute ein historisches Museum. Das *Monumento a los Niños Héroes* am Eingang erinnert an sechs junge Kadetten, die 1847 ihren Widerstand gegen die bis nach Mexiko-Stadt vorgedrungenen US-Truppen mit dem Tod bezahlten. *Reforma/Melchor Ocampo | Metro: Chapultepec*

CATEDRAL METROPOLITANA
(U F3) (f f3)

Die Ausmaße dieser Kathedrale sind gewaltig. Kunstvolle Steinmetzarbeiten um die Portale, von Jerónimo de Balbás geschaffener, überreich verzierter Altar der Könige *(Altar de los Reyes)* und von Juan de Rojas geschnitztes Chorgestühl aus Zedernholz. Das schwere Bauwerk sinkt inzwischen schief in den Untergrund und muss aufwendig abgestützt werden. *Tgl. 7–20 Uhr | Zócalo | Metro: Zócalo*

MUSEO NACIONAL DE ANTROPOLOGÍA ★ ● (U A4) (f a4)

Bereits vor dem Eingang des Anthropologischen Museums wartet auf Besucher ein 8 m hoher Monolith des Regengotts

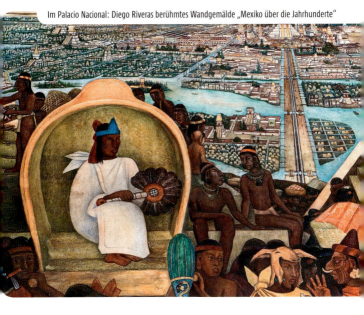

Im Palacio Nacional: Diego Riveras berühmtes Wandgemälde „Mexiko über die Jahrhunderte"

MEXIKO-STADT

Tláloc. Das 1964 fertiggestellte Museum gilt als eines der besten der Welt. Während Sie in den ersten Sälen eine Einführung in die Volkskunde der mittelamerikanischen Kulturen erhalten, sind die übrigen Räume jeweils einer präkolumbischen Kultur gewidmet. Besuchermagnet ist der Sonnenstein der Azteken in Saal 7. *Di–So 9–19 Uhr | Paseo de la Reforma/Calzada Gandhi | Metro: Chapultepec | www.mna.inah.gob.mx*

INSIDER TIPP ▸ MUSEO DE ARTE POPULAR (U D3) (*d3*)

Freunde des mexikanischen Kunsthandwerks werden sich hier wohlfühlen. Zu sehen gibt es farbenfrohe Keramiken, Glas- und Holzarbeiten, Silberschmuck, Pappmaché und vieles mehr. Das Museum befindet sich in einem Art-déco-Gebäude. *Di und Do–So 10–18, Mi 10–21 Uhr | Revillagigedo 11/Independencia | Metro: Juárez | www.map.df.gob.mx*

MUSEO FRIDA KAHLO (O) (*0*)

Das Haus, in dem die populäre Malerin von 1929 bis 1954 mit ihrem Ehemann Diego Rivera lebte, ist heute ein Museum. *Di–So 10–18 Uhr | Londres 247/Allende | Metro: Coyoacán | www.museofridakahlo.org.mx*

INSIDER TIPP ▸ MUSEO CASA LEÓN TROTSKY (O) (*0*)

Nachdem Leo Trotzki, Organisator der Oktoberrevolution und Gründer der Roten Armee, bei Josef Stalin in Ungnade gefallen war, gewährte ihm der Präsident Lázaro Cárdenas 1937 auf Bitten von Diego Rivera Asyl. Er wohnte zunächst bei dem Künstlerpaar Rivera/Kahlo, baute dann ein Wohnhaus zu einer Festung um. Vergeblich: Trotzki wurde 1940 von einem Agenten Stalins getötet. Sein Haus, in dessen Patio er bestattet liegt, ist ein Treffpunkt und Veranstaltungsort der alternativ-sozialistischen Szene. *Di–*

Von der Terrasse der Torre Latinoamericana haben Sie einen grandiosen Blick auf die Stadt

ZENTRALES HOCHLAND

So 10–17 Uhr | Viena 45, Eingang Río Churubusco 410 | Metro: Coyoacán | casadeleontrotsky.blogspot.com

MUSEO RUFINO TAMAYO (U A4) (*m a4*)
Am östlichen Ende des Chapultepecparks finden Sie die Privatsammlung des berühmten Malers mit eigenen Werken und solchen von Pablo Picasso, Joan Miró, Francisco Toledo und anderen. *Di–So 10–18 Uhr | Reforma/Gandhi | Metro: Chapultepec | www.museotamayo.org*

PLAZA DE LAS TRES CULTURAS (O) (*m o*)
Die an den Ruinen einer präkolumbischen Tempelanlage angebrachte Gedenktafel erinnert an den 13. August 1521, an dem Hernán Cortés Tenochtitlán eroberte. Auf die Kolonialzeit verweist die 1609 erbaute Kirche Santiago Tlatelolco, das heutige Mexiko verkörpern Hochhäuser. *Metro: Tlatelolco*

TEMPLO MAYOR (U F3) (*m f3*)
Bereits Cortés wusste über den Haupttempel der Azteken zu berichten, dass dieser „höher ist als die Kathedrale von Sevilla". Heute sind die Grundmauern der Pyramide weitgehend freigelegt. Daneben erläutern Ausgrabungsfunde die Geschichte der Azteken. *Di–So 9–17 Uhr | Seminario 8 (nordöstl. des Zócalo) | Metro: Zócalo | www.templomayor.inah.gob.mx*

TORRE LATINOAMERICANA ☼ (U E3) (*m e3*)
Die Terrasse im 44. Stock gewährt einen umfassenden Rundblick. Der Architekt des 1958 errichteten, 177 m hohen Turms rühmt dessen erdbebensichere Fundamente. *Tgl. 9–22 Uhr | Madero/Lázaro Cárdenas | Metro: Bellas Artes | www.torrelatino.com*

ZÓCALO ★ (U F3) (*m f3*)
Jedes Jahr am Vorabend des Unabhängigkeitstags, am 15. September, füllt sich der riesige, unbebaute Platz mit bis zu 1 Mio. Menschen. Mit 240 m Seitenlänge ist er einer der größten Plätze der Erde. Einst schlug hier das Herz von Moctezumas Reich: Hier stand der Haupttempel des alten Tenochtitlán. Auf dessen Trümmern ließ Hernán Cortés den Platz und die ersten umliegenden Gebäude erbauen, heute Plaza de la Constitución genannt. *Metro: Zócalo*

ESSEN & TRINKEN

EL MORRAL (O) (*m o*)
Reich verziertes Kolonialhaus, innen sind alte, handgeformte Talaverakacheln zu sehen. Mexikanische Küche und eine Tortillabäckerei. *Allende 2/Plaza Hidalgo | Metro: Coyoacán | Tel. 0155 55 54 02 98 | €€*

LA ÓPERA (U E3) (*m e3*)
Eine Legende: Hier hat schon Pancho Villa gespeist und einen Revolverschuss in der Decke hinterlassen. Gute mexikanische Küche in holzgetäfeltem Raum. Auch für den Nachmittagstee zu empfehlen. *5 de Mayo 10 | Metro: Bellas Artes | Tel. 0155 55 12 89 59 | www.barlaopera.com | €€€*

CAFÉ EL POPULAR (U E3) (*m e3*)
Ein Dauerbrenner in der Gastroszene der Hauptstadt: Vom Frühstück bis spät in die Nacht gibt es köstliche mexikanische Spezialitäten. *5 de Mayo 52 | Metro: Allende | Tel. 0155 55 18 60 81 | www.cafeelpopular.com.mx | €*

INSIDER TIPP SANBORNS (U E3) (*m e3*)
Das Restaurant befindet sich im großen, überdachten Innenhof des historisch bedeutsamen Stadtpalasts Casa de los Azu-

MEXIKO-STADT

Ein Schmuckstück aus der Belle Époque: kein Wunder, dass das Café de Tacuba so beliebt ist

lejos. Die Ausstattung ist stuck- und goldüberladen. Auf der Karte finden Sie ein reiches Angebot an mexikanischen Gerichten. *Madero 4 | Metro: Bellas Artes | Tel. 0155 55 10 96 13 | €€*

CAFÉ DE TACUBA (U E3) (*m* e3)
Spezialität des typisch mexikanischen Restaurants von 1912 mit Belle-Époque-Einrichtung und bemalten Kachelwänden sind *enchiladas, carne asado* und *chiles rellenos.* Das Café ist ein bei Einheimischen beliebter Treffpunkt. *Tacuba 28 | Metro: Allende | Tel. 0155 55 21 20 48 | www.cafedetacuba.com.mx | €€*

EINKAUFEN

BAZAAR SÁBADO (O) (*m* 0)
Der Markt findet jeden Samstag im schönen Stadtteil San Ángel südwestlich der Innenstadt statt. Reichhaltig ist das Angebot an Malereien und Handarbeiten an der *Plaza El Carmen* und *Plaza San Jacinto.* Kein Metroanschluss, Microbus („*Sábado*") auf der Avenida Insurgentes Sur | www.elbazaarsabado.com

LA CIUDADELA (U D4) (*m* d4)
In dem großen Kunsthandwerkszentrum befinden sich unterschiedliche Geschäfte. *Plaza de la Ciudadela, Balderas/Ayuntamiento | Metro: Balderas | www.laciudadela.com.mx*

FONART (U E3) (*m* e3)
Am Alamedapark liegt eines der regierungseigenen Fonart-Geschäfte mit festen Preisen und exporterfahrenen Verkäufern. Fonart unterstützt das *Indígena*-Kunsthandwerk, bezieht die Produkte ohne Vermittler direkt von den Herstellern und verkauft zu angemessenen, fairen Preisen. Eine weitere Filiale befindet sich am *Paseo de la Reforma 116 (Ecke Milan* (U C4) (*m* c4) *| Metro: Insur-*

ZENTRALES HOCHLAND

gentes). Avenida Juárez 89 | Metro: Bellas Artes

INSIDER TIPP TIANGUIS CULTURAL DEL CHOPO (EL CHOPO) (U D2) (*d2*)

Hunderte Geschäfte und Stände des Flohmarkts der Sub- und Gegenkulturen ziehen Woche für Woche Tausende von Besuchern an; im Angebot sind u. a. Musik, Kleidung, Schmuck. Gebrauchtes findet hier neue Besitzer und wird nicht nur zu einem fairen Preis, sondern teils gar unter Wert verkauft. *Sa 11–17 Uhr | Colonia Guerrero | Aldama | Metro: Buenavista*

AM ABEND

Das Magazin *Tiempo Libre (www.tiempolibre.com.mx)* bietet das komplette Abendprogramm der Hauptstadt und vieles mehr. Es erscheint wöchentlich und kostet nur 10 Pesos.

INSIDER TIPP MAISON ARTEMISIA (U C5) (*c5*)

Zum Intreff hat sich diese Bar auf zwei Etagen mit Livemusik in einem historischen Gebäude mit Dekor im Stil der 1930er-Jahre entwickelt. Klopfen Sie an und Sie werden eingelassen. Als Insider zeigt sich, wer einen Absinth bestellt. *Colonia Roma Norte | Tonalá 23/Durango | Metro: Insurgentes | www.maisonartemisia.com*

PALACIO DE BELLAS ARTES (U E3) (*e3*)

Im Palast der schönen Künste, einem prächtigen Jugendstilgebäude mit *murales* der bedeutendsten Maler des Landes, tanzt das Ballet Folklórico. Kartenvorbestellung ist ratsam. *Vorstellungen So und Mi 20.30, So auch 9.30 Uhr | Eintritt 300–700 Pesos | Lázaro Cárdenas/5 de Mayo | Metro: Bellas Artes | Tel. 0155 55 29 93 20 | www.balletfolkloricodemexico.com.mx*

INSIDER TIPP PASAGÜERO (U F3) (*f3*)

Hier treffen sich Touristen, Abenteurer und Künstler aus aller Welt und lauschen Rock und Pop. *Motolinía 33 (zwischen Madero und 16 de Septiembre) | Metro: Allende | www.pasaguero.mx*

ÜBERNACHTEN

CANADA (U F3) (*f3*)

Kleine Zimmer (mit Safe) in den unteren Etagen und zur Straße. Das Hotel ist recht laut, liegt jedoch großartig zwischen Alameda Central und Zócalo im Zentrum. Frühstück wird im 7. Stock serviert. *85 Zi. | 5 de Mayo 47 | Metro: Allende | Tel. 0155 55 18 21 06 | www.hotelcanada.com.mx | €*

INSIDER TIPP CATEDRAL (U F3) (*f3*)

Das Hotel liegt hinter der Kathedrale und bietet teilweise schöne Zimmer. Vom Dachgarten aus haben Sie einen Ausblick auf das Gotteshaus und den Nationalpalast. *116 Zi. | Donceles 95 | Metro: Zócalo | Tel. 0155 55 18 52 32 | www.hotelcatedral.com | €€*

FOUR SEASONS (U B4) (*b4*)

Von außen Understatement, erst drinnen offenbaren sich die Größe und der Charme des palastartigen Gebäudes mit Cafés, Pianobars und Restaurants im herrlichen Patiogarten. Schöner Außenpool und ein gut ausgestattetes Spa hoch über dem Viertel. *240 Zi. | Colonia Juárez | Paseo de la Reforma 500 | Metro: Chapultepec | Tel. 0155 52 30 18 18 | www.fourseasons.com/mexico | €€€*

MONTECARLO (U F4) (*f4*)

Kein Luxus, aber billige Zimmer mit Bad in exzellenter Lage im historischen Zent-

MEXIKO-STADT

rum. Die **INSIDER TIPP** Zimmer ganz oben und nach hinten sind die besten. Hier übernachtete 1924 der englische Schriftsteller D. H. Lawrence mit seiner Frau Frieda von Richthofen (für 2 US-$ für das Doppelzimmer!) auf dem Weg nach Oaxaca. Ergebnis des Aufenthalts in Mexiko: das Reisetagebuch „Mexikanischer Morgen". *60 Zi. | Avenida Uruguay 69 | Metro: Zócalo | Tel. 0155 55 21 25 59 | €*

PLAZA REVOLUCIÓN (U D3) *(d3)*
Ansprechende Designerzimmer in einem gepflegten, kleinen Hotel in zentraler Lage nahe der Innenstadt. *85 Zi. | Jesús Terán 35 | Metro: Hidalgo | Tel. 0155 55 34 19 10 | www.hotelplazarevolucion.com | €*

ZÓCALO CENTRAL (U F3) *(f3)*
Moderne, etwas gesichtslose, kleine Zimmer, dafür aber in einmaliger Lage am Zócalo in einem historischen Gebäude. Ein Restaurant befindet sich auf dem Dach – Sie speisen vor einer grandiosen Kulisse. *105 Zi. | 5 de Mayo 61 | Metro: Zócalo | Tel. 0155 51 30 51 30 | www.centralhoteles.com | €€€*

AUSKUNFT

(U B6) *(b6) Colonia Hipódromo | Avenida Nuevo León 56 | Tel. 0155 55 53 19 01 | www.mexicocity.gob.mx*
Infokioske finden Sie u. a. am Flughafen, am Anthropologischen Museum, an der Basílica de Guadalupe, am Paseo de la Reforma, vor dem Palacio de Bellas Artes und beim Templo Mayor.

ZIELE IN DER UMGEBUNG

CUERNAVACA (176 B4) *(L10)*
Ein frühlingshaftes Klima und bummelnde Sprachstudenten prägen die 700 000-Ew.-Stadt 85 km südlich. Glanzpunkt ist der *Palacio de Cortés* (1529) mit Wandbildern von Diego Rivera.

POPOCATÉPETL (176 B4) *(L10)*
Der zweithöchste Berg Mexikos (5465 m) liegt etwa 85 km südöstlich der Hauptstadt. In den letzten Jahren gab es wiederholt Anzeichen für einen möglicherweise bevorstehenden Ausbruch; der Aufstieg war daher bei Redaktionsschluss nicht möglich. Erkundigen Sie sich kurzfristig beim mexikanischen Fremdenverkehrsamt oder im Touristenbüro von Mexiko-Stadt über die aktuelle Situation. Bis auf 3700 m Höhe (*Las Hamacas,* mit Unterkunft und Restaurant) führt eine Straße.

TEOTIHUACÁN ★ (176 B3) *(L9)*
Für die Besichtigung dieser 50 km nordöstlich gelegenen, großen und bedeutenden Pyramidenanlage, errichtet vom 4. Jh. v. Chr. bis 650 n. Chr., sollten Sie mindestens einen halben Tag einplanen. Nachdem der Haupteingang passiert ist (beim Museum), gelangen Sie südlich zur Zitadelle. Achten Sie vor allem auf die Masken des Regengotts Tláloc und der gefiederten Schlange am Sockel des Quetzalcoátl-Tempels.

Architektonischer Höhepunkt der Stätte ist die Sonnenpyramide (*Pirámide del Sol*) an der über 40 m breiten Straße der Toten (*Camino de los Muertos*), ein gewaltiges, 63 m hohes Bauwerk, auf das breite Treppen führen. Da zur Entstehungszeit weder Zugtiere noch das Rad bekannt waren, mussten die für den Bau erforderlichen 2,5 Mio. t Erde und Stein von Lastenträgern herbeigeschafft werden. Mindestens zwei Jahrzehnte müssen die Arbeiten an dem Bauwerk gedauert haben, errechneten Archäologen – allerdings nur unter der Voraussetzung, dass mindestens 2000 Arbeiter rund um die Uhr am Werk waren.

ZENTRALES HOCHLAND

Von der Sonnenpyramide genießen Sie den besten Blick auf die gesamte Anlage. Ganz im Norden erhebt sich der prächtige Palast der Quetzal-Schmetterlinge *(Palacio del Quetzalpapálotl)*, so benannt nach den dortigen Malereien. Er liegt am

Villas Arqueológicas (43 Zi. | Tel. 01594 9 56 09 09 | www.villasarqueologicas.com.mx | €€) in *San Juan Teotihuacán* am Südrand der Zona Arqueológica. *Tgl. 8.30–17 Uhr | www.teotihuacan.inah.gob.mx*

Erst im 20. Jh. entdeckt: die großen Steinfiguren von Tula, einer Kultstätte der Tolteken

Platz der Mondpyramide *(Pirámide de la Luna)* mit vier weiteren pyramidenförmigen Bauwerken.

2004 entdeckten Archäologen im Fundament der Mondpyramide eine Grabkammer mit zwölf menschlichen Skeletten und zahlreichen Grabbeigaben wie z. B. Schmuck und dem Mosaik einer menschlichen Figur sowie Tierskeletten, u. a. von Pumas und Adlern.

Sie erreichen die Stätte über die U-Bahn-Station Central del Norte. Von dort verkehren Busse verschiedener Gesellschaften halbstündlich (Fahrzeit etwa 60 bis 90 Minuten) mit mehreren Stopps entlang der archäologischen Stätte. Wer über Nacht bleiben möchte, findet Unterkunft im nahe gelegenen, schönen Hotel

TULA (176 B3) (*L9*)

Die archäologische Stätte etwa 90 km nordwestlich ist berühmt wegen vier 4,60 m hoher Steinatlanten, die ursprünglich das Dach des Morgensterntempels trugen und sich heute auf der Plattform der Pyramide befinden. Die Statuen, jeweils aus vier Teilen bestehend, stellen bewaffnete Krieger dar. Die 1938 entdeckte Stätte war einst für fast drei Jahrhunderte das religiöse Zentrum der Tolteken.

Zunächst passieren Sie einen ungewöhnlich großen, 67 × 12,5 m messenden Ballspielplatz *(Juego de Pelota)* und sehen von dort schon die Hauptattraktion, die 10 m hohe *Stufenpyramide des Quetzalcóatl* mit den Atlanten. Werfen Sie auch

MORELIA

einen Blick in den sich anschließenden „Verbrannten Palast" *(Palacio Quemado)*, in dessen mittlerem Hof zwei Chac-Mool-Statuen sowie Reste der ursprünglichen Bemalung zu bewundern sind. *Tgl. 9–17 Uhr*

XOCHIMILCO ● (176 B3) (*L10*)
Beliebter Wochenendausflug der Hauptstädter: die „schwimmenden Gärten" *(chinampas)* 20 km südöstlich. Wo die Azteken auf schwimmenden, mit Flussschlamm gefüllten Anbauflächen einst Gemüse zogen, schippern heute Ausflügler durch ein verschlungenes System von Wasserwegen. Buchen Sie einen Sitzplatz in einem der vielen bunten Stocherkähne *(trajinera)* und genießen das folkloristische Ambiente auf dem Wasser. Auf den Booten wird zu den Klängen von *Mariachi*-Bands, die ebenfalls auf den Kanälen kreuzen, gepicknickt. *Metro 2 bis Tasqueña, dann tren ligero (Straßenbahn) bis Xochimilco Embarcadero | 60 Min. 250–300 Pesos/Boot, nur So: 30 Min. Mitfahrt 150 Pesos/Person*

MORELIA

(175 E4) (*J–K9*) Mexikos „goldenes Dreieck" bilden die Städte Puebla, Querétaro und Morelia.

Unter Denkmalschutz steht die gesamte Altstadt Morelias (1 Mio. Ew.), die aus sorgfältig restaurierten Herrenhäusern mit arkadenumkränzten Patios, mächtigen Kirchen und blumenbestandenen *plazas* besteht. Typisch für die architektonische Gestaltung war die Verwendung von rötlich schimmerndem Sandstein. Morelia ist die Hauptstadt des gebirgigen Bundesstaats Michoacán, einer an altindianischen Traditionen wie an landschaftlichen Schönheiten (Seen und Wälder) reichen Region.

SEHENSWERTES

ACUEDUCTO COLONIAL
Vom Bosque Cuauhtémoc verläuft über 1,5 km der historische Aquädukt (1785 erbaut). Einst lieferte er den Bewohnern das Wasser aus den Bergen. Seine 230 bis zu 9 m hohen Bögen aus rosa schimmerndem Sandstein werden nach Sonnenuntergang angestrahlt.

CASA DE LA CULTURA
1619 als Karmeliterkloster erbaut, gehört das Bauwerk zu den ältesten und beeindruckendsten der Stadt. Heute ist es ein Kulturzentrum mit Gemäldegalerie, Kunst- und Maskenausstellungen sowie Veranstaltungen. *Tgl. 10–20 Uhr | Ex-Convento del Carmen | Avenida Morelos Norte 485 | www.casaculturamorelia.org*

CASA NATAL DE JOSÉ MARÍA MORELOS
Im Geburtshaus des Freiheitskämpfers werden zahlreiche Erinnerungsstücke und historische Dokumente aufbewahrt. *Tgl. 9–19 Uhr | Corregidora 113/Avenida García Obeso*

CATEDRAL
Ihre barocke Fassade erhielt die 1640 errichtete Kathedrale erst im 18. Jh., im Inneren gilt sie als ein Musterbeispiel des mexikanischen Churriguerastils. Besonders prächtig sind die großen Türen. *Zwischen Plaza de los Mártires und Plaza de Armas*

MUSEO DE ARTE COLONIAL
Koloniale Möbel und mexikanische Kolonialkunst des 16.–18. Jhs. in einem alten Herrenhaus, dazu eine Ausstellung antiker Kreuze sowie Skulpturen aus dem für Morelia typischen rötlichen Stein. *Di–Fr 9–20, Sa/So 10–19 Uhr | Benito Juárez 240/Tapia*

ZENTRALES HOCHLAND

Wandgemälde von Alfredo Zalce schmücken das Treppenhaus im Palacio de Gobierno

MUSEO DEL ESTADO ●
In einem restaurierten Stadtpalast aus dem 18. Jh. sind archäologische Ausstellungen zur Kultur Michoacáns zu sehen. Gezeigt werden Schmuck, Figuren und Keramik, historische Trachten in der ethnologischen Abteilung sowie Apothekeninterieur aus dem 19. Jh. *Mo–Fr 9–15, Sa/So 10–18 Uhr | Guillermo Prieto 176*

INSIDER TIPP ▶ MUSEO REGIONAL MICHOACANO
Das überreich dekorierte Herrenhaus (18. Jh.) beherbergt ein Museum zur Geschichte des Bundesstaats mit präkolumbischen Exponaten sowie eine Kunstgalerie mit Kolonialmöbeln. *Di–So 9–16.30 Uhr | Allende 305/Avenida Abasolo*

PALACIO DE GOBIERNO
Der 1732 erbaute Palast mit einer auf den ersten Blick verwirrenden Anordnung von Treppenaufgängen, Patios und Arkaden ist geschmückt mit zahlreichen *murales* des mexikanischen Künstlers Alfredo Zalce. *Mo–Sa 8–19 Uhr | Avenida Madero Oriente 63/Juárez*

PLAZA DE LOS MÁRTIRES
Der Hauptplatz der Stadt, umstanden von kolonialen Palästen, Arkadengängen und Lorbeerbäumen, sprüht vor Leben. Von hier erkunden Sie zu Fuß die Stadt; die Straßen gehen im Schachbrettmuster in alle Richtungen ab. Die in Ost-West-Richtung verlaufende Avenida Madero ist die Lebensader der Altstadt. Nahezu alle Sehenswürdigkeiten liegen in ihrer Nähe.

ESSEN & TRINKEN

Charakteristisch für Morelia sind die Patiorestaurants in ehrwürdigen Gebäuden.

MORELIA

INSIDER TIPP ▶ LA CASONA DE LAS ROSAS
Hier werden Cocktails und mexikanische Küche serviert und es gibt Spezialitäten aus Michoacán zu probieren. Sie speisen besonders stilvoll im Freien an einem Platz, auf dem keine Autos fahren dürfen, sonden Künstler ihre Werke anbieten. *Guillermo Prieto 125 | Tel. 01443 3 12 38 67 | www.casonarosa.com | €€*

EL CHURRO
Bar mit Tacos und anderen köstlichen Kleinigkeiten, beliebt bei jungen Leuten; sehr empfehlenswert. *Colonia Chapultepec Norte | Lázaro Cárdenas 2279 | Tel. 01443 3 14 42 55 | www.elchurro.com.mx | €*

EL HUERTO DE LOS JESUITAS
In der Innenstadt gelegenes Restaurant im mexikanischen Stil: Hier serviert man regionale Küche, ein Buffet mit authentischen Michoacán-Spezialitäten. *Valentín Gómez Farias 165 | Tel. 01443 3 13 74 40 | €€*

FONDA LAS MERCEDES
Der Künstler und Küchenchef Sergio Álvarez tischt in seinem Domizil beste mexikanische Gerichte auf – in einem Patio, der mit Masken, Säulen, Gemälden, Palmen und einer Pferdetränke die Phantasie beflügelt. *León Guzmán 47 | Tel. 01443 3 12 61 13 | €€€*

LAS TROJES
Lebhaftes Familienrestaurant mit guter regionaler Küche und Grillspezialitäten. *La Loma | Juan Sebastián Bach 51 | Tel. 01443 3 14 73 44 | €€*

EINKAUFEN

Das Kunsthandwerk Michoacáns ist vielfältig: Von den *indígenas* stammen herrliche Web- und Lackarbeiten, Korbflechtereien und Töpferarbeiten; breit ist auch das Angebot an Kupferwaren und Holzarbeiten.

CASA DE LAS ARTESANÍAS DEL ESTADO DE MICHOACÁN ●
Das Franziskanerkloster aus dem 16. Jh. lohnt einen Besuch: Hier zeigt man eine exzellent aufbereitete Ausstellung von Kunsthandwerk mit authentischen Produkten Michoacáns (mit Verkauf). Eintritt müssen Sie nicht bezahlen. Nur der Besuch des Museums für Kunsthandwerk im 1. Stock kostet 20 Pesos. *Mo–Sa 9–20, So 9–16 Uhr | Plaza de San Francisco/Avenida Bartolomé de Las Casas | www.casart.michoacan.gob.mx |*

ÜBERNACHTEN

EL CARMEN
Das Haus im neokolonialen Stil liegt zentral. Es erwartet Sie freundliches und hilfsbereites Personal. Das Publikum ist eher jung. *30 Zi. | Eduardo Ruiz 63/Benito Juárez | Tel. 01443 3 12 17 25 | www.hotelelcarmenmorelia.com.mx | €*

MISIÓN CATEDRAL
Das stilvolle Kolonialhaus besitzt einen überdachten Patio mit umlaufenden Galerien und befindet sich in einmaliger Lage gegenüber der Plaza de Armas und der Kathedrale. *61 Zi. | Ignacio Zaragoza 37 | Tel. 01443 3 13 04 06 | www.hotelcatedralmorelia.com | €€€*

COLONIAL
Im Kolonialstil und mit zwei Patios in zentraler Lage. Einfache Zimmer, aber Internetanschluss. Die Zimmer mit Blick zum Patio sind ruhiger und deshalb zu bevorzugen. Parkplatz vorhanden. *26 Zi. | 20 de Noviembre 15/Morelos Norte | Tel. 01443 3 12 18 97 | www.novocolonial.com.mx | €*

ZENTRALES HOCHLAND

CASA SAN DIEGO
Mittelklasse in bester Lage: Sie übernachten in Suiten oder in gepflegten Komfortzimmern. Ein besonderes Plus ist die stimmungsvolle, große Bar mit Blick auf den historischen Aquädukt. *10 Zi. | Avenida Acueducto 197 | Tel. 01443 3 43 06 60 | www.casasandiego.com.mx* | €€€

RINCÓN TARASCO
Zentrale Lage. Es gibt große Zimmer mit TV und Ventilator sowie einen Parkplatz am Haus. *35 Zi. | Guadalupe Victoria 330 | Tel. 01443 3 17 38 88 | www.hotelrincontarasco.com* | €

AUSKUNFT

Colonia Vasco de Quiroga | Avenida Tata Vasco 80/Hospitales | Tel. 01443 3 17 80 52 | www.visitmichoacan.com.mx, www.morelianas.com

ZIEL IN DER UMGEBUNG

LAGO DE PÁTZCUARO (175 E4) (*J9*)
60 km westlich liegt eingebettet in eine grüne Hügellandschaft und umgeben von Vulkanen der Lago de Pátzcuaro, einer der schönsten Seen des Landes. Nur noch für Fotografen posieren die Fischer mit ihren auffällig großen Schmetterlingsnetzen, die auch die 50-Peso-Banknote zieren. Für 50 Pesos bringt Sie auch eine *lancha* auf die *Insel Janitzio*. Neben Souvenirshops und einfachen Restaurants erwartet Sie dort auf der Spitze des Bergs die ★ *Statue* von José María Morelos. In ihrem Inneren führt eine Treppe bis ganz nach oben und eröffnet einen phantastischen Blick auf die Berglandschaft.

3 km vom See entfernt liegt die gleichnamige Kolonialstadt mit niedrigen, weiß getünchten Häusern. Viele beherbergen Hotels und Restaurants, Boutiquen und kleine Läden, denn ein Großteil der Bevölkerung (Purépecha, auch Tarasken genannt) lebt recht gut von der Herstellung und dem Verkauf von Kunsthandwerk. Besuchen Sie die *Plaza Vasco de Quiroga,* benannt nach einem spanischen Bischof, der sich im 16. Jh. für die Indianer einsetzte. Prächtige Häuser umgeben den Platz. Unterkunft finden Sie im Hotel INSIDER TIPP *Misión Pátzcuaro Centro Histórico (82 Zi. | Álvaro Obre-*

Wer die Statue auf der Insel Janitzio erklimmt, genießt einen tollen Bergblick

PUEBLA

gón 10 | Tel. 01434 3 42 10 37 | www. hotelesmision.com | €€€). Die an eine historische Hacienda erinnernde Unterkunft erfreut mit offenen Kaminen, antiken Balkendecken und einem Restaurant mit Landhausküche.

PUEBLA

(176 B3–4) *(Ø L10)* **Die fast 2,5 Mio. Ew. zählende Stadt kann sich rühmen, dass sie die meisten Kirchen des Landes besitzt.**

In 2162 m Höhe gelegen, wird Puebla von vier meist schneebedeckten Vulkanen flankiert: Popocatépetl und Ixtaccíhuatl an der Westseite, La Malinche im Norden und Pico de Orizaba im Osten. Das weitläufige, in spanischem Schachbrettstil angelegte Zentrum der Stadt steht unter Denkmalschutz. Zahlreiche Häuser sind mit handbemalten Talaverakacheln geschmückt. Die farbenfrohen Fliesen bescherten der 1531 gegründeten Kolonialstadt ihren frühen Reichtum und prägen noch heute den Charakter Pueblas, das übrigens auch Sitz des weltweit größten Volkswagenwerks ist.

SEHENSWERTES

CASA DEL ALFEÑIQUE
Bereits das Äußere des Gebäudes ist sehenswert. „Mandelkuchenhaus" nennen es die Einwohner, weil es ganz mit rotbraunen Kacheln verziert ist. Prächtige Stuckornamente umgeben die Fenster und Türen. Das Haus beherbergt das *Museo Regional,* u. a. mit regionalen Trachten. *Di–So 10–17 Uhr | Avenida 4 Oriente 416/Calle 6 Norte*

CASA DE LA CULTURA
Das ehemals bischöfliche Palais beherbergt heute ein Kulturzentrum und die *Biblioteca Palafoxiana,* die älteste Bibliothek Lateinamerikas. Sie besitzt mehr als 50 000 Bände, alte Globen und Landkarten und ist mit antiken Marmorfußböden und geschnitzten Regalen aus Edelholz eingerichtet. *Mo–Fr 8–20, Sa 8.30–20.30, So 9–18 Uhr | Calle 5 Oriente 5 (hinter der Kathedrale)*

CASA DE MUÑECOS
Das „Puppenhaus" ist eines der auffälligsten Häuser der Stadt. Der für Puebla typische Zuckerbäckerstil fand hier seine höchste Vollendung. Ein Teil des Hauses wird als Kunstmuseum der Universität genutzt, in dem anderen befindet sich ein Restaurant. *Calle 2 Norte 2/Avenida Camacho (Nähe Zócalo)*

CATEDRAL
Die Schatzkammer der Stadt ist eine der kunsthistorisch bedeutendsten Kirchen des Landes. Im Inneren viel Marmor und Onyx sowie mit Blattgold verzierte Altäre. *Tgl. 7–13 und 16–19.30 Uhr | Avenida 16 de Septiembre (Südseite des Zócalo)*

CONVENTO DE SANTA MÓNICA
Dutzende Ausstellungsräume dokumentieren das heimliche Leben der Augustinerinnen. Trotz Säkularisierung und Verbot im 19. Jh. betrieben die Nonnen die Klosteranlage bis in die Dreißigerjahre des 20. Jhs. *Di–So 10–17 Uhr | Avenida 18 Poniente 103/5 de Mayo*

MUSEO BELLO
Besichtigen Sie die Ausstellung antiker Talaverakacheln aus vier Jahrhunderten. Das Gebäude beherbergt außerdem eine Kunstgalerie. *Di–So 10–17 Uhr | Calle 3 Sur/Avenida 3 Poniente 302*

SANTO-DOMINGO-KIRCHE
In der Stadt der Kacheln wurden auch die Kirchen dementsprechend ausgestattet.

ZENTRALES HOCHLAND

Köstlichkeiten in stilvoller Atmosphäre: Mesón Sacristía de la Compañía

Das Innere des 1569 errichteten Baus ist mit blauen und gelben Mosaikkacheln verziert. *5 de Mayo/Avenida 6 Oriente*

Tel. 01222 2 42 26 59; Avenida 3 Poniente 920 | Tel. 01222 2 46 19 19 | www.fondadesantaclara.com | €€

ESSEN & TRINKEN

ANTOJITOS LOS PORTALES
Unter alten Arkaden werden köstliche Häppchen *(antojitos)* serviert. *Calle 8 Oriente 418 | Tel. 01222 2 46 35 89 | €*

INSIDER TIPP ▶ MESÓN SACRISTÍA DE LA COMPAÑÍA
Das Hotelrestaurant lädt zu mexikanischer Gourmetküche in einen antiken Salon oder in den Patio. Reservieren! *Calle 6 Sur 304/Callejón de los Sapos | Tel. 01222 2 32 45 13 | www.mesones-sacristia.com | €€€*

FONDA DE SANTA CLARA
Mexikanische Küche nach alter Tradition. Das Restaurant ist in Puebla gleich zweimal zu Hause: *Avenida 3 Poniente 307 |*

EINKAUFEN

MERCADO PARIÁN
Hier finden Sie Kunsthandwerk aus der Gegend und außerdem eine große Auswahl an Keramiken und Kachelarbeiten. *Calle 6 Norte/Avenida 2–4 Oriente*

PLAZUELA DE LOS SAPOS
Die kleine *plaza* bietet Antiquarisches aller Art. Sonntags findet hier ab 10 Uhr ein INSIDER TIPP ▶ Flohmarkt für Antiquitäten statt. *Calle 5 Oriente/Calle 6 Sur*

ÜBERNACHTEN

PALACE
Von außen ist das Haus im Zentrum recht stilvoll, drinnen erwartet Sie etwas

PUEBLA

in die Jahre gekommener Charme. Das beliebte Restaurant *El Ranchito* serviert regionale Küche. Es gibt einen hoteleigenen Parkplatz. *60 Zi. | Calle 2 Oriente 13 | Tel. 01222 2 32 24 30 | www.hotelpalace.com.mx | €–€€*

QUINTA REAL
Das restaurierte Kloster aus dem 16. Jh. liegt mitten in der kolonialen Altstadt von Puebla. Großartig sind die verschwiegenen Patios und die Ausstattung mit mit antiken Möbeln. *84 Zi. | Calle 7 Poniente 105 | Tel. 01222 2 29 09 09 | www.quintareal.com/puebla | €€€*

ROYALTY
Historischer, drinnen etwas in die Jahre gekommener Palast am Zócalo mit Terrassencafé unter Arkaden. Lassen Sie sich beim Einchecken am besten mehrere Zimmer zeigen, da von unterschiedlicher Qualität und Größe. *45 Zi. | Portal Hidalgo 8 | Tel. 01222 2 42 47 43 | www.hotelr.com | €€*

AUSKUNFT

Casa de la Cultura | Calle 5 Oriente 3 | Tel. 01222 2 46 20 44 | www.turismopuebla.gob.mx

Über Cholulas farbenprächtiger Kirche thront im Hintergrund majestätisch der Popocatépetl

ZIELE IN DER UMGEBUNG

CHOLULA (176 B3–4) (L10)
Nur 8 km westlich von Puebla liegt Cholula (35 000 Ew.). Das Wahrzeichen der Stadt ist ein riesiger, grasbewachsener Hügel, auf dessen Spitze eine katholische Kirche steht. 1931 entdeckte man darunter eine der größten *Pyramiden (tgl. 9–18 Uhr)* Amerikas: Sie ist 65 m hoch. Nur die Westseite wurde ausgegraben und

ZENTRALES HOCHLAND

rekonstruiert. Durch einen niedrigen, engen und verwinkelten Gang gelangen Sie an die zahlreichen Überbauungen.

Nicht nur eingefleischte Kirchenliebhaber begeistert das nahe Cholula gelegene Gotteshaus ⭐ *Santa María Tonantzintla (tgl. 9–18 Uhr)*. Es wurde in der zweiten Hälfte des 18. Jhs. erbaut und befindet sich in der Gemeinde San Andrés Cholula 13 km südwestlich von Puebla und 4 km südlich von Cholula. Das Äußere der Kirche wirkt recht schlicht, doch die überreiche Gestaltung im Inneren ist überwältigend. Indianische Handwerker und Künstler arbeiteten fünf Jahrzehnte lang an der Gestaltung des Innenraums und verzierten jede noch so kleine Fläche an den Decken und Wänden mit Stuck in Form von Engeln, Figuren, Ranken, Früchten und Maiskolben, verwendeten leuchtende Farben und Blattgold. Diese Arbeiten, so heißt es, geschahen aus Hingabe für die aztekische Göttin Tonantzín. Kunstgeschichtlich betrachtet ging hier der mexikanische Barock in den sogenannten *Indígena*-Barock über. Beim Besuch der Kirche ist eine Spende erwünscht.

INSIDER TIPP ▶ CUETZALÁN DEL PROGRESO (176 C3) (*M9*)

180 km nordöstlich von Puebla liegt, umgeben von Kaffeeplantagen, das malerische Bergdorf Cuetzalán, ein Zentrum der Nahua- und Totonakenindianer. Häufige Regenfälle schufen eine üppig grünende Umgebung, die im Kontrast steht zur gepflegten Kolonialatmosphäre der 1547 gegründeten Siedlung. Eine empfehlenswerte Adresse für die Übernachtung ist die *Posada Cuetzalán (35 Zi. | Zaragoza 12 | Tel. 01233 3 31 01 54 | www.posadacuetzalan.com | €)*, ein weiß gekalktes Anwesen im Zentrum mit Veranda vor den Zimmern und kleinem Schwimmbad. Für Naturfreunde werden geführte Wanderungen und Exkursionen angeboten.

PICO DE ORIZABA
(176 C3–4) (*M10*)

Nicht der im Ausland viel bekanntere Popocatépetl ist Mexikos höchster Berg, sondern der schneebedeckte, 5760 m hohe Vulkan Orizaba, auch Citlaltépetl genannt, an der Ostgrenze des Bundesstaats Puebla.

QUERÉTARO

(175 E3) (*K9*) **Das von der Unesco als Welterbe geschützte koloniale Querétaro ist die Hauptstadt des gleichnamigen Bundesstaats.**

Besucher der 1865 m hoch gelegenen Stadt mit 1,2 Mio. Ew. erwarten eine freundliche Atmosphäre und ein andalusisch geprägtes Zentrum. Die Mischung von bunten Häusern, blumengeschmückten *plazas,* schattigen Patios und Arkadengängen, kolonialen Palästen und barocken Kirchen macht die Stadt sehr anziehend.

SEHENSWERTES

ACUEDUCTO DE QUERÉTARO

Um Wasser von der 2 km entfernten Quelle herbeizuschaffen, mussten 74 gewaltige Rundbögen, teilweise bis zu 30 m hoch, errichtet werden. Das Wahrzeichen der Stadt wird abends prächtig illuminiert und kann vom ☼ Aussichtspunkt in der Calzada de los Arcos östlich des historischen Zentrums in seiner ganzen Länge betrachtet werden.

CASA DE LA CORREGIDORA ●

Dieses Haus *(Palacio de Gobierno)* kennt in Mexiko jedes Schulkind. Hier lebte Josefa Órtiz, Corregidora genannt, die

QUERÉTARO

Frau des Bürgermeisters. Als sie hörte, dass die Pläne zum Widerstand gegen die Spanier verraten worden waren, warnte sie in der gleichen Nacht des Jahres 1810 Pater Hidalgo. Der ließ im Dörfchen Dolores die Kirchenglocken läuten und rief zum sofortigen Kampf gegen die Kolonialherren. *Tgl. 8–19 Uhr | Andador 5 de Mayo Pasteur (Plaza de Armas)* im ehemaligen Kloster San Francisco. *Di–So 10–18 Uhr | Corregidora Sur 3/ Jardín Zénea*

TEMPLO Y CONVENTO DE LA SANTA CRUZ 🟠

Die Klosteranlage aus dem 16. Jh. mit ihren sieben Innenhöfen gehört zu den ältesten kirchlichen Bauwerken Mexikos.

Geschichtsträchtig: Das Convento de la Cruz gehört zu den ältesten Sakralbauten des Landes

CASA DE LA ZACATECANA
In dem Gebäude aus dem 17. Jh. werden mehrere Hundert Kunstobjekte – Gemälde, Skulpturen, Uhren – aus drei Jahrhunderten gezeigt. *Di–So 10–18 Uhr | Independencia 59 | www.museolazacatecana.com*

MUSEO REGIONAL
In dem Ort, in dem die mexikanische Unabhängigkeitsbewegung ihren Anfang nahm, informiert das Museum ausführlich über die damaligen Geschehnisse. Untergebracht ist die Ausstellung

Die Besichtigung ist nur im Rahmen einer Führung möglich. *Tgl. 9–14 und 16.30–18 Uhr | Avenida Independencia (östl. des Zentrums)*

ESSEN & TRINKEN

HANK'S NEW ORLEANS CAFÉ & OYSTER BAR
Unter den Arkaden serviert man Cajun- und kreolische Gerichte. Kosmopolitische Atmosphäre, Livejazz. Tipp: der Brunch und das *Crabmeat*-Omelett sowie die diversen Cocktails. *Juárez Sur 7/Plaza de*

ZENTRALES HOCHLAND

la Constitución | Tel. 01442 2 14 26 20 | www.hanksmexico.com | €€

INSIDER TIPP MESÓN DE LA CORREGIDORA
In dem sympathischen Restaurant werden einfache, aber schmackhafte mexikanische Gerichte angeboten. Mittags essen hier viele Einheimische, die das täglich wechselnde, preiswerte Fünfgängemenü schätzen. *16 de Septiembre 16b/ Plaza de la Corregidora | Tel. 01442 2 12 07 84 | €*

COMEDOR VEGETARIANO NATURA
Naturkostliebhaber speisen hier in einem stilvollen Kolonialhaus. Serviert werden preiswerte vegetarische Gerichte. *Vergara Sur 7 (Nähe Jardín Zénea) | kein Tel. | €*

EINKAUFEN
Von Donnerstag bis Montag werden in der Fußgängerzone des Zentrums *(Avenida Corregidora/Andador Libertad)* täglich Marktstände aufgebaut, an denen Sie allerlei Kunstgegenstände und Souvenirs finden.

ÜBERNACHTEN

INSIDER TIPP HACIENDA JURICA
Die historische Hacienda aus dem 16. Jh. mit einer eigenen Kapelle bezaubert als stilvolles Landhaushotel. Gäste, die mitunter auf dem Helikopterplatz landen, genießen den großen Pool, Golf und Tennis. *182 Zi. | Paseo Jurica/Paseo del Mesón (15 km nordwestl.) | Tel. 01442 2 18 00 22 | www.lasbrisascollection.com | €€€*

INSIDER TIPP LA HIJA DEL ALFARERO
Das koloniale Haus mit kleinem Patio im *centro histórico* vereint Stil und mexikanische Atmosphäre zu einem angesichts des Preises unwiderstehlichen Angebot. *12 Suiten | Miguel Hidalgo 73 | Tel. 01442 2 12 47 83 | www.lahijadelalfarero.com | €–€€*

HOLIDAY INN CENTRO HISTÓRICO
Das Hotel liegt im historischen Zentrum und bietet schnörkellosen Komfort. Mit Pool, Tennis, Fitnessbereich sowie einem Kid's Club. *217 Zi. | 5 de Febrero 110 | Tel. 01442 1 92 02 02 | www.holiday-inn.com/queretaromex | €€*

AUSKUNFT
Pasteur Norte 4/5 de Mayo | Tel. 01442 2 38 50 67 | www.queretaro.travel

SAN MIGUEL DE ALLENDE

(175 E3) (*K9*) ★ **Als wäre die Zeit stehen geblieben: Enge, gepflasterte Gassen werden von altspanischen Häusern im Patiostil gesäumt.**

Über die auf 1900 m an einem Berghang gelegene Stadt (140 000 Ew.) wacht seit 1926 der Denkmalschutz. Bereits seit Jahrzehnten ist das lebhaft-stilvolle San Miguel de Allende Ziel von nordamerikanischen Malern und Pensionären. Die Kunstakademie genießt internationales Renommee.

SEHENSWERTES

CONVENTO LA CONCEPCIÓN
Das Kloster aus dem 18. Jh. beherbergt das INSIDER TIPP *Centro Cultural Ignacio Ramírez (El Nigromante)* mit Kunstschule, Tanz- und Musikkursen sowie Kunstausstellungen. *Hernández Macías 75 | www.elnigromante.bellasartes.gob.mx*

SAN MIGUEL DE ALLENDE

INSTITUTO ALLENDE
Die Casa de Solariega von 1734, ein ehemaliger spanischer Landsitz, ist heute Sitz der Kunstakademie, die auch Sprach- und Sommerschulkurse für Jugendliche anbietet. Schöne Gärten, ein Café und offene Werkstätten lohnen den Besuch. *Ancha de San Antonio 22 | Tel. 01415 152 01 90 | www.instituto-allende.edu.mx*

MUSEO HISTÓRICO
Der Freiheitskämpfer Ignacio Allende y Unzaga (1779–1811) wurde in diesem barocken Wohnhaus geboren. Die Ausstellung zeigt Exponate zur Unabhängigkeitsbewegung und präkolumbische Fundstücke. *Di–So 10–17 Uhr | Cuna de Allende 1 (Südwestecke der Plaza de Allende) | www.casadeallende-inah.gob.mx*

PLAZA DE ALLENDE ●
Auf dem Hauptplatz der Stadt erschließt sich Ihnen der Zauber von San Miguel. Lassen Sie sich auf einer der eisernen Bänke im Schatten von Lorbeerbäumen nieder und genießen Sie den Logenblick auf Kolonialgebäude des 17. Jhs. und auf das Geschehen rundherum. Hier haben die zahlreichen Schuhputzer, in Mexiko ein ehrenwerter Beruf, gut zu tun.

SAN-FRANCISCO-KIRCHE
Die kleine Plazuela San Francisco wird beherrscht von dem im 18. Jh. im Churriguerastil erbauten Gotteshaus; es gilt unter Kunsthistorikern als eines der besten Beispiele dieser mexikanischen Architekturrichtung. Im Inneren neoklassizistische Ausstattung und wertvolle Gemälde. *Plazuela de San Francisco*

SAN-MIGUEL-KIRCHE (LA PARROQUIA)
Aus rosafarbenem Stein und mit üppig-skurrilen Formen wurde die Kirche von einem indianischen Baumeister um das

Von Lorbeerbäumen je nach Wetter beschattet oder beschirmt: die Plaza de Allende

ZENTRALES HOCHLAND

Jahr 1890 errichtet. Als Vorbild diente ihm dabei das Ulmer Münster. *Plaza de Allende*

ESSEN & TRINKEN

LA CAPILLA
Hier stimmt alles: In einem Gebäude aus dem 17. Jh. mit Blick auf Kirche und Berge wird mexikanische und internationale Küche serviert. Es gibt Livemusik, eine Gartenterrasse und eine Kunstgalerie. Reservierung ist unbedingt ratsam! *Cuna de Allende 10 | Tel. 01415 152 06 98 | €€€*

INSIDER TIPP ▶ LAS MUSAS ●
Nach einem Rundgang im Kloster La Concepción trifft man sich im Hof unter den Arkaden dieses kleinen Caférestaurants auf einen *café de olla* mit Zimtkuchen. *Hernández Macías 75 | Tel. 01415 152 49 46 | €*

INSIDER TIPP ▶ LA POSADITA
Bei einer Margarita mit Tamarindengeschmack und Traumblick vom 🌿 Dachgarten auf die Kirchenspitzen die bereitgestellten Tacos mit Dips kosten und sich auf das Essen freuen. *Cuna de Allende 13 | Tel. 01415 154 75 88 | €€*

ÜBERNACHTEN

INSIDER TIPP ▶ ACUARELA B & B
Kleines Gästehaus in einem großartigen kolonialen Gebäude mit Arkaden, kleinen Gärten und dem Hauch der Vergangenheit. Moderne Zimmer und Liebe zum Detail sorgen für zufriedene Gäste. *14 Zi. | Prolongación Aldama 91 | Tel. 01415 185 83 53 | www.acuarelabb.com | €*

CASA CARMEN
Das bezaubernde Bed and Breakfast ist mit viel Liebe zum Detail in einem historischen Stadthaus eingerichtet. Blumengeschmückte Patios, die Zimmer mit Antiquitäten. *11 Zi. | Correo 31 | Tel. 01415 152 08 44 | www.casacarmenhotel.com | €€*

DOS CASAS
Die großzügige Anlage im kolonialen Stil beherbergt Suiten mit Jacuzzi, die herrlich um diverse Patios und Gärten herum gruppiert sind. Im Dachgarten gibt es eine Bar. *7 Zi. | Quebrada 101/Umarán | Tel. 01415 154 40 73 | www.doscasas.com.mx | €€€*

INSIDER TIPP ▶ VILLA MIRASOL
Entzückendes, familiär geführtes Boutiquehotel mit einem hervorragenden Preis-Leistungs-Verhältnis. Viel Liebe zum Detail zeichnet die Zimmer und die kleinen Patios und Aufenthaltsräume aus. Auf Wunsch werden tagsüber auch kleine Gerichte zubereitet. *12 Zi. | Pila Seca 35 | Tel. 01415 152 66 85 | www.villamirasolhotel.com | €€*

HOTEL DEL PORTAL
Die komfortable Unterkunft befindet sich in phantastischer Lage direkt unter den Kolonnaden des Hauptplatzes. Vom 🌿 Dachgarten des *Café del Portal* haben Sie einen wunderbaren Blick auf den Platz und auf die Kirche San Miguel. *10 Suiten | Plaza Principal/Portal Allende 8 | Tel. 01415 152 88 89 | www.hoteldelportalsanmiguel.com | €€–€€€*

MANSIÓN VIRREYES
Nur einen Block von der Plaza de Allende entfernt liegt dieses hübsche Kolonialhaus mit großen, hohen Zimmern sowie schönen Holzbalken, Bogengängen und viel Komfort. Im Patio befindet sich ein Restaurant. *23 Zi. | Canal 19 | Tel. 01415 152 33 55 | www.hotelmansionvirreyes.com | €€*

TAXCO

AUSKUNFT

Plaza de Allende 10 | Tel. 01415 152 09 00 | www.portalsanmiguel.com,

TAXCO

(175 F5) (K10) Schon Alexander von Humboldt war von ⭐ Taxco begeistert. 1803 bezog der deutsche Gelehrte ein Haus in der Nähe des Zócalo.

Die unter Denkmalschutz stehende Silberstadt (170 000 Ew.) 170 km südlich von Mexiko-Stadt liegt in 1660 m Höhe zu Füßen der El-Atache-Berge. An die 1000 Silberschmiede sollen registriert sein, dazu gibt es rund 250 Silberläden. Die Kolonialstadt bietet ein romantisches Bild. Weiße, mit roten Ziegeln gedeckte Häuser, koloniale Paläste, Gassen mit Kopfsteinpflaster und historische Brunnen beschwören das 18. Jh. herauf, die Zeit, als José de la Borda eine reiche Silbermine entdeckte und als Dank die Kirche Santa Prisca erbauen ließ. *Dios da a Borda y Borda da a Dios* – „Gott gibt Borda und Borda gibt Gott" – hieß sein Wahlspruch.

SEHENSWERTES

MUSEO DE ARTE VIRREINAL

In dem einstigen Domizil Alexander von Humboldts befindet sich heute ein Museum für religiöse Kunst. *Di–So 10–17 Uhr | Juan Ruiz de Alarcón 12*

MUSEO GUILLERMO SPRATLING

William Spratling, ein US-amerikanischer Professor, half dem Silberhandwerk in Taxco um 1930 wieder auf die Sprünge. Die Ausstellung zeigt historische Gegenstände aus Silber. Außerdem ist Spratlings Sammlung präkolumbischer Kunst zu sehen. *Di–So 9–17 Uhr | Porfirio Delgado 1/Plazuela Juan Ruíz de Alarcón hinter der Kathedrale*

SANTA-PRISCA-KIRCHE

Die Sandsteinbasilika – weithin sichtbar dank ihrer 48 m hohen Zwillingstürme – zählt zu den schönsten Barockkirchen Mexikos. Das Innere ist mit Gold verziert. *Plaza Borda*

ZÓCALO

Benannt ist die Plaza Principal von Taxco nach dem reichen Gönner der Stadt (Plaza Borda). Sie ist umgeben von kolonialen Palästen, darunter der *Palacio Borda*, der 1759 für Don José erbaut wurde und heute ein Kulturinstitut beherbergt.

ESSEN & TRINKEN

ACERTO

Die Bar und Lounge besitzt im 1. Stock eine große Restaurantterrasse, von der aus Sie einen sehr schönen Blick auf die Kathedrale haben. Auf den Teller kommt gute regionale Küche. Im Acerto gibt es auch Internetplätze. *Plaza Borda 12 | Tel. 01762 6 22 00 64 | €*

DEL ANGEL INN

Das koloniale Haus neben der Kathedrale bietet von seinem Balkon einen Adlerblick auf die hügelige Silhouette der Stadt. Die mexikanische Küche, die man Ihnen hier serviert, ist vorzüglich. *Celso Múñoz 4 (neben der Kathedrale) | Tel. 01762 6 22 33 18 | www.del-angel-inn-restaurant-taxco.com.mx | €€€*

INSIDER TIPP LA BENDITA

Tacos, Guacamole und als Aperitif eine Piña Colada: Mit Blick auf die Kirche und das Geschehen am Zócalo genießt man die lebhafte Atmosphäre. *Plaza Borda 4 | Tel. 01762 6 22 11 66 | www.aguaescondida.com | €€*

ZENTRALES HOCHLAND

TÍA CALLA
In dieser *pozoleria* genießen viele einheimische Familien ihre *pozole,* den feurigscharfen Eintopf. *Plaza Borda 1 | Tel. 01762 6 22 56 02 | €*

EINKAUFEN

Zwar sind die Preise für Silberwaren nicht viel niedriger als anderswo, die Auswahl ist jedoch riesig: Ringe, Ohrringe, Ketten, Gürtel und Schnallen, häufig verziert mit Korallen und Türkisen. In der Avenida Plateros findet samstags ein großer INSIDER TIPP Markt für Kunsthandwerk statt mit umfangreichem Angebot an Silberarbeiten.

ÜBERNACHTEN

HOTEL DE LA BORDA
1930 im kolonialen Haciendastil erbautes Haus, 1 km vom Zentrum auf einer Erhebung mit tollem Ausblick von den Terrassen. Gärten, Pool und hübsche Taverne. *150 Zi. | Barrio La Garita | Cerro del Pedegal 2 | Tel. 01762 6 22 02 25 | www.hotelborda.com | €€*

INSIDER TIPP POSADA DE LA MISIÓN
Oase im Kolonialstil in einem großen Garten, am Pool ein Großmosaik aus Naturstein von Juan O'Gorman. Terrassenrestaurant mit sehr guter Küche. *158 Zi. | Cerro de la Misión 32 | Tel. 01762 6 22 00 63 | www.posadamision.com | €€€*

INSIDER TIPP VICTORIA
Im Kolonialstil an einem Hügel, schöner Blick von den Balkonen. Ruhig, aber zentrumsnah. *63 Zi. | Calle Carlos J. Nibbi 5–7 | Tel. 01762 6 22 00 04 | www.victoria taxco.com | €*

AUSKUNFT

Avenida Presidente John F. Kennedy 28 und Avenida de los Plateros 1 | Tel. 01762 6 22 22 74 | www.taxcolandia.com

Eine der besten Adressen für Silberschmuck: der Markt für Kunsthandwerk in Taxco

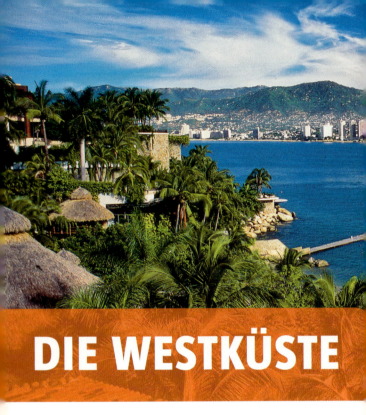

DIE WESTKÜSTE

Nur wenn Sie aus den Bergen der Sierra Madre Occidental an die Westküste Mexikos kommen, erfahren Sie den ganzen Zauber dieser Region. Die Straße klettert über Pässe, überspannt gewagte Brückenkonstruktionen und wilde Schluchten.

Kiefernwälder werden abgelöst von üppiger tropischer Vegetation, die Luft wird feucht und salzig, Kokospalmen wiegen sich über schneeweißen Stränden. Jahrhundertelang war Mexikos Pazifikküste nur von ein paar Fischern bewohnt, war dies das Jagdrevier von Seeräubern, die die mit Gold und Silber beladenen Schiffe der spanischen Kolonialmacht ausplünderten. Heute liegen an der geschwungenen Küste Ferienziele, die viele Besucher anlocken. Bekannte Badeorte wechseln sich ab mit stillen Buchten, Lagunen bieten Lebensraum für zahlreiche Wasservögel.

Von Mazatlán, dem alten Badeort in der Mitte der mexikanischen Pazifikküste, bis nach Huatulco, dem neuen Ziel im tiefen Süden, sind es fast 2000 km. Erschlossen wird die Küste von den gut ausgebauten Bundesstraßen MEX 15 und (ab Tepic) MEX 200 sowie einem Dutzend kleiner Inlandsflughäfen.

Schon früh bemächtigte man sich in Hollywood des Traums vom mexikanischen Süden. Als Feriendomizil für Schauspieler und Millionäre legendär wurden ab 1940 Acapulco und Puerto Vallarta. Heute läuft die Urlaubsmaschinerie in beiden Orten auf Hochtouren. Parallel dazu wurden neue Regionen wie Ixtapa/Zihuata-

Bild: Acapulco

Schwimmen, sonnen, schnorcheln: Wasserratten und Sonnenanbeter zieht es an die Strände und Buchten der Pazifikküste

nejo und Huatulco erschlossen. Man baute sie zu großen Luxusferienanlagen aus, die z. B. einen in die Natur integrierten Golfplatz oder einen aufwendigen Yachthafen bieten.

Sieben Bundesstaaten umfasst das Gebiet der mexikanischen Westküste. Jeder verfügt über einen besonderen Charakter und landschaftliche Schönheiten gibt es überall. Reich an präkolumbischen Stätten ist allein Oaxaca, doch altspanische Kolonialatmosphäre findet sich auch andernorts recht häufig.

ACAPULCO

(176 A5) *(K11)* **Hoteltürme, Restaurants und Diskotheken an der glitzernden Bucht, millionenschwere, traumhafte Villen am Hügel von Las Brisas, Kreuzfahrtschiffe im alten Hafen, Straßenhändler und** *mariachis* **am Zócalo.**

Und nicht zu vergessen: die kilometerlangen Sandstrände, die Acapulco (2 Mio. Ew.) in den 1940er-Jahren zum Seebad und Tummelplatz reicher US-

ACAPULCO

Amerikaner machten. Mittlerweile ist der einstige Hotspot etwas in die Jahre gekommen und wegen vermehrter Drogenkämpfe im Bundesstaat Guerrero bleiben Besucher weg. Hotels bieten daher günstigere Preise und die Polizei erhöhte ihr Sicherheitsaufgebot.

SEHENSWERTES

FELSENSPRINGER ★ ☀

Die *clavadistas,* die sich spektakulär vom 42 m hohen Quebradafelsen kopfüber in eine enge Meeresbucht stürzen und auf unzähligen Acapulcoplakaten zu sehen sind, können Sie täglich live erleben. Die beste Sicht auf die mit Flutlicht erhellte Szenerie eröffnet sich von den Terrassen des Restaurants *La Perla (im Hotel Mira-*

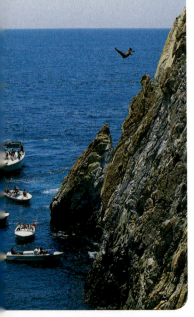

Von diesen Klippen stürzen sich die berühmten Quebradaspringer in die Tiefe

CITY WOHIN ZUERST?

Zócalo: Der Platz in der Altstadt ist der beste Ausgangspunkt für eine Besichtigung, denn die wenigen Sehenswürdigkeiten Acapulcos liegen weit verstreut. Sie kommen mit den Bussen „Costera" und „Zócalo" hierher. Vom Zócalo gelangen Sie über die Avenida Miguel Alemán am Hafen und die Calle Hornitos zum Fort San Diego mit seinem historischen Museum. Auch Quebrada mit seinen Felsenspringern lässt sich noch zu Fuß erreichen, für andere Ziele benötigen Sie ein Taxi oder den Bus, der entlang der Bucht fährt.

dor | Tel. 01744 4831155 | €€€), nirgends sehen Sie besser. *Tgl. 19.30, 20.30, 21.30, 22.30 Uhr sowie 12.45 Uhr Sondervorstellung | am westl. Rand der Altstadt*

FUERTE DE SAN DIEGO

Das Ende des 18. Jhs. von den Spaniern erbaute Fort sollte die Stadt vor Piratenüberfällen schützen. Heute fungiert es als historisches Museum mit einer Ausstellung über den Handel der Spanier mit den Philippinen. *Di–So 9.30–18.30 Uhr | Calle Hornitos ab Costera M. Alemán | www.fuertedesandiego.inah.gob.mx*

ESSEN & TRINKEN

INSIDER TIPP LA CABAÑA DE CALETA

Das Strandrestaurant punktet mit seinem großen und günstigen Angebot an frischen Meeresfrüchtespezialitäten, die man mit Blick auf Badende und Fischerboote genießt. *Fraccionamiento Las Playas | Playa Caleta Oriente | Tel. 01744 4698553 | www.lacabanadecaleta.com | €€*

DIE WESTKÜSTE

100 % NATURAL
Eine empfehlenswerte Restaurantkette, in Acapulco mehrmals vertreten. Im 1. Stock genießen Sie Natursäfte und mexikanische Gerichte mit Ausblick. *Costera M. Alemán 112 (Condesa) | Tel. 01744 4 84 64 47 | www.100natural.com.mx | €€*

EL FOGÓN
Serviert werden mexikanische Speisen, darunter der köstliche Eintopf *pozole*. *Costera M. Alemán 10/Antón de Alaminos, neben Plaza Galerías, Costa Azul | Tel. 01744 4 84 50 79 | €–€€*

MARISCOS EL NONO
Zur Happy-Hour-Zeit am späten Nachmittag herrscht viel Trubel. Abends gibt es in dem Strandrestaurant frischen Fisch. *Costera M. Alemán 179, beim Parque Papagayo | Tel. 01744 4 85 16 72 | €€*

EINKAUFEN

Einkaufen macht in Acapulco nicht viel Freude. Hunderte von Souvenirläden und Boutiquen reihen sich an der 14 km langen Costera M. Alemán aneinander und an den Strandzugängen kommen die fliegenden Händler hinzu. An der Ecke Horacio Nelson/James Cook (Costera hinter der Baby-O'-Disko) finden Sie *AFA (Artesanías Finas Acapulco),* einen großen Supermarkt mit Kunsthandwerksprodukten aus dem gesamten Land. Dort erhalten Sie originale Artikel zu etwas höheren Preisen. Hinter dem Zócalo liegen mehrere Straßen mit Souvenir- und Kunsthandwerksständen.

FREIZEIT & STRÄNDE

STRÄNDE
Acapulco kann mit vielen Stränden aufwarten. Die von Einheimischen bevorzugte *Playa Caleta* (im äußersten Westen der Bucht) verfügt über zahlreiche preiswerte Strandcafés. Mehrmals stündlich starten Bootstouren zur gegenüberliegenden INSIDERTIPP *Isla Roqueta* mit weitgehend leeren Stränden. *Playa Hornos* (in der Mitte der Bucht, gegenüber dem Parque Papagayo) ist der klassische Nachmittagstreff. Am längsten Sonne hat man an der ganz im Osten der Acapulco Bay gelegenen *Playa Icacos.* Die *Playa Revolcadero* 15 km östlich erstreckt sich ins offene Meer. Vorsicht beim Schwimmen: Es gibt höhere Wellen!

WASSERPARK EL ROLLO
Der Wasserpark wartet mit einem breiten Freizeitangebot auf, darunter vielfältige Bäder und Rutschen. Stärken können Sie sich in den verschiedenen Restaurants. *Tgl. 10–18 Uhr | Eintritt ab 199 Pesos | Costa Azul | Costera M. Alemán/Cristóbal Colón | www.elrolloacapulco.com.mx*

MARCO POLO HIGHLIGHTS

★ **Felsenspringer in Acapulco**
Den besten Blick auf die waghalsigen *clavadistas* bietet das Restaurant La Perla → S. 68

★ **Acuario Mazatlán**
Das größte Aquarium von Mexiko präsentiert einen Ausschnitt des Lebens im Pazifik und mehr → S. 77

★ **Mexcaltitán**
Das „mexikanische Venedig" liegt auf einer runden Insel im Pazifik → S. 78

★ **Isla del Río Cuale**
Eine pittoreske Insel, autofrei, mit kleinem Museum und viel Kunsthandwerk → S. 79

ACAPULCO

AM ABEND

Beim Ausgehen nach Sonnenuntergang sollten Sie in Acapulco erhöhte Vorsicht walten lassen und nur Taxis von offiziellen Taxiständen benutzen bzw. telefonisch bestellen. Wer ganz auf Nummer sicher gehen will, beschränkt sich auf Clubs in den Fünfsternehotels.

ÜBERNACHTEN

BANYAN TREE CABO MARQUÉS

Das im Asiastil gestylte Resort mit einem Spa, das asiatische Treatments perfektioniert hat, ist Acapulcos edelste Adresse. Man wohnt in Villen mit eigenem Pool und die drei Restaurants werden nach Sonnenuntergang zu einzigartigen Logenplätzen über dem Meer. *45 Zi. | Punta Dia-*

mante | Boulevard Cabo Marqués | Tel. 01744 4 34 01 00 | www.banyantree.com | €€€

LAS BRISAS

Seit Jahrzehnten *die* Kultadresse: edel gestylte *casitas* hoch über der Stadt. Vom ☼ Pool und Restaurant genießen Sie nach Sonnenuntergang den Blick über das Lichtermeer von Acapulco. Golfwagen bringen die Gäste zum hoteleigenen Beachclub *La Concha,* doch die meisten Besucher lassen sich lieber im Resort verwöhnen und genießen den Luxus ihrer Suiten. *263 Zi. | Carretera Escenica Clemente Mejia 5255 | Tel. 01744 4 69 69 00 | www.lasbrisascollection.com | €€€*

MIRADOR

Das Hotel im Kolonialstil mit drei gepflegten Pools thront an der Quebradabucht. ☼ Von vielen Zimmern aus haben Sie einen phantastischen Blick auf die abendliche *Clavadistas*-Show. *133 Zi. | Plazoleta La Quebrada 74 | Tel. 01744 4 83 11 55 | www.miradoracapulco.com | €€*

PIER D LUNA

Moderne weiße Villa in erhöhter Lage über der Bucht von Acapulco mit eige-

LOW BUDGET

Legendär: Einen romantischen Sonnenuntergang erleben Sie günstig in den Strandrestaurants an der Badebucht *Pie de la Cuesta,* die sich 9 km nordwestlich von Acapulco befindet.

Volkstümliche Unterhaltung bietet bei freiem Eintritt Acapulcos Jahrmarkt ● *Parque Papagayo (tgl. 8–19 Uhr | Costera M. Alemán gegenüber Playa Hornos)* mit Boots- und Fahrradverleih, Minizoo und frei herumlaufenden Affen.

In Puerto Ángel vermietet die deutsche Besitzerin Gundi in ihrer *Casa de Huéspedes Gundi y Tomas (Calle Principal | Tel. 01958 5 84 30 68 | www.puertoangel-hotel.com)* 16 Zimmer für zwei Personen schon ab 22 US-$.

DIE WESTKÜSTE

Ein Ensemble von neun Buchten – hier die Bahía de Cacaluta – ergibt das Pazifikidyll Huatulco

nem Zugang zum Meer. Mit Außen- und Whirlpool und offenen Lounges schmeckt man hier die mexikanische Version des Dolcefarniente. *5 Zi. | Fraccionamiento Las Playas | Gran Vía Tropical 34 | Tel. 01744 4 83 97 06 | pier-d-luna.acapulco-hotel.net | €–€€*

PARKHOTEL
Die zweistöckige Hotelanlage in Strandnähe besitzt einen großen Pool, einen Garten, drei Tennisplätze und einen Parkplatz. Auch größere Zimmer mit Kochnische. *88 Zi. | Costera M. Alemán 127 (neben Plaza Bahía) | Tel. 01744 4 85 59 92 | www.parkhotel-acapulco.com | €*

AUSKUNFT
Costera M. Alemán 4455-2 (Centro Internacional) | Tel. 01744 4 84 85 55 | www.visitacapulco.com.mx

HUATULCO

(177 D6) (*M–N12*) „Das wiedergefundene Paradies" heißt der Slogan des mexikanischen Fremdenverkehrsbüros für die neun Buchten, die zusammen die Bahías de Huatulco bilden.

An mehr als 30 feinsandigen, unberührten Stränden können Sie Sonne und Meer genießen. Noch gehören die Buchten zu den abgeschiedeneren der großen mexikanischen Urlaubsziele. Am weitesten fortgeschritten ist die Entwicklung der touristischen Infrastruktur in der Tangolundabucht. Neben Luxus- und Mittelklassehotels, Boutiquen und Fischrestaurants gibt es einen Golfplatz und einen Bootshafen.

Zur Versorgung des Komplexes entwickelte man 2 km vom Strand entfernt die Ortschaft *La Crucesita* (8500 Ew.) im mexikanischen Stil mit *plazas,* offenen Restaurants und viel tropischem Grün. Hier finden Sie preiswerte Restaurants; den Transport zu den Stränden besorgen Taxis. Auch das alte Dorf *Santa Cruz* an der gleichnamigen Bucht wurde für die Besucher „schön" gemacht.

SEHENSWERTES

INSIDER TIPP ▶ BAHÍA DE CHACHACUAL
Eine als Naturschutzgebiet ausgewiesene Bucht an der Mündung eines Flusses:

HUATULCO

Ein Weg führt durch den Küstenwald, in dem Baumriesen in den Himmel ragen. In einer kleinen Siedlung leben schwarze Familien, Nachfahren jener Sklaven, die die Spanier ins Land brachten.

ESSEN & TRINKEN

DOÑA CELIA

Das Fischrestaurant lockt mit regionalen Langusten- und Hummerspezialitäten. *Playa Colonia, Bahía de Santa Cruz | Tel. 01958 5 87 28 48 | www.restaurantdonacelia.com | €€€*

LOS PORTALES

Das Los Portales hat seine Tische am Zentralplatz im Freien aufgestellt. Es ist bereits zum Frühstück geöffnet, außerdem steht Mexikanisches auf der Karte, z. B. hausgemachte Tacos mit Fisch und Schalentieren. *Bugambilia 603 (Plaza Principal de La Crucesita) | Tel. 01958 5 87 00 70 | www.losportaleshuatulco.com | €€*

STRÄNDE

Wer Einsamkeit und Romantik sucht, lässt sich mit dem Boot in der *Bahía de Cacaluta* absetzen und verbringt den Tag unter Palmen und Bougainvilleen am Strand. Wassersportler bevorzugen die Buchten *El Órgano* und *Maguey*.

ÜBERNACHTEN

BUSANVI

Die Balkonzimmer mit zwei Doppelbetten können jeweils von bis zu vier Personen belegt werden; mit Klimaanlage und Bad. *14 Zi. | La Crucesita | Carrizal 601 | Tel. 01958 5 87 07 39 | €*

CASTILLO HUATULCO

Zwischen La Crucesita und der Bahía Santa Cruz liegt dieses moderne Haus mit kolonialen Bauelementen. Zwei Restaurants, ein Palmengarten, Pool und Beachclub verwöhnen die Gäste. *113 Zi. | Boulevard Santa Cruz 303 | Tel. 01958 5 87 01 44 | www.hotelcastillohuatulco.com | €€*

INSIDER TIPP POSADA EDEN COSTA

Acht Zimmer und drei Suiten mit Kochecke gruppieren sich um einen Swimmingpool, doch auch der Pazifikstrand ist nur 200 m entfernt. *11 Zi. | Zapoteco Bahía Chahué | Tel. 01958 5 87 24 80 | www.edencosta.com | €€*

PLAZA CONEJO

Die preiswerten Zimmer mit Ventilator oder Klimaanlage sollten Sie während der Hochsaison früh reservieren. Es gibt einen Internetservice sowie ein großes Angebot an Ausflügen und Touren. *10 Zi. | La Crucesita | Avenida Guamuchil 208 | Tel. 01958 5 87 00 54 | www.hotelplazaconejo.com | €*

QUINTA REAL

Die stilvollste Adresse Huatulcos liegt auf einem Hügel über der Bucht von Tangolunda. Sie wohnen in kleinen Villen, einige davon mit privatem Minipool. *28 Suiten | Paseo Benito Juárez 2 | Tel. 01958 5 81 04 28 | www.quintareal.com | €€€*

INSIDER TIPP VILLA BLANCA

Viersterneluxus zum günstigen Preis: Große Klasse ist das sympathische, strandnahe Hotel mit geschmackvollen Zimmern mit Terrassen und Patios, großem Pool, Restaurant und Bar. *61 Zi. | Paseo Benito Juárez/Zapoteco | Tel. 01958 5 87 06 06 | www.hotelesvillablanca.com | €€*

AUSKUNFT

Bahía de Tangolunda | Paseo Benito Juárez | Tel. 01958 5 81 01 76 | www.todohuatulco.com

DIE WESTKÜSTE

ZIELE IN DER UMGEBUNG

PUERTO ÁNGEL (177 D6) *(M12)*

Puerto Ángel (3500 Ew.) ist ein Treff junger Rucksackreisender aus Amerika und Europa. Kleine Pensionen liegen an der Uferstraße, beliebt sind auch die einfachen Hütten *(cabañas)* und Hängemattenpensionen (Gärten, in denen in Hängematten geschlafen wird) des 4 km entfernten Strands Zipolite.

Von Puerto Ángel aus lohnt ein Besuch im wenige Kilometer westlich gelegenen *Mazunte,* einem Fischerort, der mit Schutzmaßnahmen für Meeresschildkröten begonnen hat.

PUERTO ESCONDIDO

(176 C6) *(M12)*

„Versteckt" kann man diesen kleinen Hafen (40 000 Ew.) ca. 90 km westlich von Huatulco nicht mehr nennen, zieht er doch seit Jahren eine eingeschworene Surfergemeinde an. Mittlerweile ist Puerto Escondido ein lebhafter Ferienort. Die Atmosphäre blieb leger, das Publikum jünger, das Preisniveau deutlich niedriger als in Acapulco und Huatulco.

Entlang der Bucht zieht sich die Avenida Pérez Gasga, die Promenade des Orts. Rechts und links reihen sich die Strandhotels und -restaurants, Geschäfte für Batikhemden und indische Amulette – vom späten Frühstück bis tief in die Nacht Treffpunkt der Cliquen. Zwischen Straße und Meer beschatten Palmen den Strand. Verkäufer bieten ihre Hängematten feil, Cafés frische Säfte und die Zeitung von gestern. An die Bahía Principal schließen sich kleinere Buchten an, wer es ruhiger mag, läuft zur von Surfern geschätzten, südöstlichen Zicatelabucht. Übernachtung in der *Posada Real (100 Zi. | Bacocho | Boulevard Benito Juárez 1 | Tel. 01954 5 82 01 33 | www.posadareal.com.mx/puertoescondido | €€)*, einem kom-

Palmen beschatten den von Surfern geschätzten Strand von Puerto Escondido

IXTAPA/ZIHUATANEJO

fortablen Strandhotel mit Pool, Tennis und Kid's Club.

IXTAPA/ ZIHUATANEJO

(175 E5) *(m J11)* Immer werden die beiden Orte (85 000 Ew.) zusammen genannt, doch leben sie gerade von ihren Gegensätzen.

Wem Acapulco zu groß und mondän, Puerto Escondido hingegen zu provinziell ist, der kommt hierher – und genießt beides. Ixtapa ist ein 1970 von der mexikanischen Tourismusbehörde Fonatur entworfener, schicker Badeort. Hier reihen sich die Luxushotels entlang dem breiten Sandstrand, versteckt zwischen üppigen Parks und Gärten. Golfplätze, Tennisanlagen, Boutiquen und elegante Restaurants prägen den Ort.

Anders das 7 km entfernte Zihuatanejo, ein bald 500 Jahre alter Fischerort, einst von dem westmexikanischen Indianervolk der Purépecha besiedelt. Diese sollen lange vor der Ankunft der Spanier am Rand der Bucht ein Seebad unterhalten haben, mit einer Schutzmauer gegen Haie. Treffpunkt der Ortschaft ist die *Paseo del Pescador* genannte Promenade am Hafen, besonders attraktiv in der Dämmerung, wenn Einheimische und Touristen die Schönheit der Bucht bei einem Spaziergang vor dem Abendessen genießen.

Mangels traditioneller Sehenswürdigkeiten betreibt man in Ixtapa Hotelhopping: Entlang der weißen Playa Palmar liegen die Hotels und da in Mexiko alle Strände öffentlich sind, schlendert man am Wasser von Adresse zu Adresse, vergleicht Foyers und Pools der Anlagen, nimmt hier einen *café de olla,* da eine *piña colada* – ab 16 Uhr ist Happy Hour.

SEHENSWERTES

MARINA IXTAPA
Die Marina ist ein Mikrokosmos schicker Bars und Designerboutiquen zwischen Kanälen, Booten und Yachten. Das Vorzeigeprojekt der Westküste verfügt auch über einen 18-Loch-Platz, entworfen von Golfpapst Robert Trent Jones.

MUSEO ARQUEOLÓGICO DE LA COSTA GRANDE
Ausgrabungen belegten, was Archäologen vermuteten: Zihuatanejo war einst ein präkolumbischer Pilgerort, ein Heiligtum früher Könige. Die Ausstellung zeigt zahlreiche Ausgrabungsfunde, auch Exponate der Taraskenkultur. *Di–So 10–18 Uhr | Zihuatanejo | Paseo del Pescador (an der Kanalmündung)*

ESSEN & TRINKEN

COCONUTS
Das älteste Haus der Stadt bietet seinen Gästen beste mexikanische Küche mit vielen Fischspezialitäten. Ab 18 Uhr wird im Garten Livemusik gespielt. *Zihuatanejo | Pasaje Agustín Ramírez | Tel. 01755 5 54 25 18 | www.coconutszihua.com | €€€*

LA SIRENA GORDA
Der morgendliche Fang bestimmt das Angebot der rustikalen Inkneipe. Spezialität sind auf dem Holzkohlengrill gebackene Fische. *Zihuatanejo | Paseo del Pescador 90 (beim Pier) | Tel. 01755 5 54 26 87 | €€*

EINKAUFEN

In Ixtapa schätzt man Shoppingcenter nach US-amerikanischem Vorbild mit insgesamt mehr als 400 Boutiquen, darunter auch solche mit exquisitem mexikanischem Kunsthandwerk (u. a. hand-

DIE WESTKÜSTE

bedruckte Baumwollkleidung). In Zihuatanejo konzentriert sich das Angebot auf der Promenade *(Paseo del Pescador)* und in den umliegenden Straßen. Einen *Mercado de Artesanías* finden Sie in der *Calle 5 de Mayo*.

SPORT & STRÄNDE

GOLF
Der *Campo de Golf Ixtapa* gilt als einer der schönsten der Küste. Der Kurs verläuft durch Lagunen und begrünte Hügel bis zum Sandstrand der Playa Palmar. Ungewöhnlich ist das angeschlossene Wildreservat, in dem schon mal Alligatoren gesichtet werden. Zum Clubhaus gehören Tennisplätze, Pool und ein Restaurant. *Greenfees um 100 US-$*

STRÄNDE
Ixtapas größtes Plus sind seine breiten, sauberen und unberührten Sandstrände. Wenn Ihnen die *Playa Palmar,* an der Hotelzone gelegen, zu betriebsam ist, können Sie auf die von Felsen eingerahmte *Playa Hermosa* im Süden ausweichen. In Zihuatanejo wartet die *Playa La Ropa* mit preiswerten Wassersportangeboten und mehreren Strandrestaurants. Am südlichen Ende der Bucht von Zihuatanejo locken an der *Playa Las Gatas* weißer Korallensand und beste Schnorchelbedingungen. Für ein paar US-Dollar fahren Boote hinaus *(ab Embarcadero Municipal Zihuatanejo)*. Von der Playa Quieta nördlich der Hotelzone, der Playa Linda oder dem Bootsanleger *(muelle)* von Zihuatanejo starten Boote zur kleinen, bewaldeten INSIDER TIPP *Isla Ixtapa,* die von Leguanen und Rehwild bewohnt wird. Vier Strände laden zum Sonnenbaden ein; in romantischen Strandrestaurants werden frische Fische und exotische Drinks serviert. Beste Schnorchelbedingungen bietet die *Playa Coral*.

Runter vom Handtuch und hoch in die Luft! Parasailing an der Playa Palmar in Ixtapa

IXTAPA/ZIHUATANEJO

WASSERSPORT

Unterwassersichtweiten bis zu 20 m und mehr als 30 abwechslungsreiche Tauchplätze, darunter ein gesunkenes Schiff, machen die Gegend zu einem beliebten Tauchrevier. Zahlreiche Geschäfte und die großen Hotels in Ixtapa verleihen Geräte und bieten Kurse an.

die seit vielen Jahren freundlich geführte Familienpension. *35 Zi. | Zihuatanejo | Paseo del Riscal (Colonia V. Guerrero) | Tel. 01755 5 54 26 42 | €*

INSIDER TIPP **VICEROY ZIHUATANEJO**
Zwischen Kokospalmen und Bougainvilleen am Rand der Bucht von Zihuatanejo

Stilvolles Wohnen auf Zeit: ein Schlafzimmer im Hotel Viceroy in Zihuatanejo

AM ABEND

Bereits vor Sonnenuntergang füllen sich in Ixtapa die Bars und Cafés. Wer sich etwas Besonderes gönnen will, bucht eine Sunset Yacht Cruise auf einem romantisch beleuchteten Katamaran. Die jüngere Generation trifft sich in der cool gestylten Topdisco *Christine* auf dem Gelände des Hotels Krystal Ixtapa.

ÜBERNACHTEN

POSADA EL RISCAL

Große, einfach und zweckmäßig ausgestattete Zimmer mit Klimaanlage bietet

liegt das luxuriöse Resort, ausgestattet mit Whirlpools und Kunstwerken. Großzügige Zimmer im Ethnostil, edel designte Badezimmer, Tennisplätze, ein riesiger Pool und ein romantischer kleiner See – die in den 1980er-Jahren von dem Deutschen Helmut Leins als Villa del Sol gegründete Anlage gewann diverse Preise als „romantischstes Strandhotel Mexikos". *70 Zi. | Zihuatanejo | Playa La Ropa | Tel. 01755 5 55 55 00 | www.viceroyhotels andresorts.com | €€€*

ZIHUATANEJO CENTRO

Das Hotel liegt im Zentrum der Stadt, dennoch sind es nur 100 m zum Strand.

DIE WESTKÜSTE

In der beliebten Hotelbar kreiert man exotische Longdrinks auf Tequilabasis für die Gäste. Zum Haus gehören auch sechs Apartments. Es gibt einen Pool und ein Internetcafé. *74 Zi. | Zihuatanejo | Agustín Ramírez 2 | Tel. 01755 5 54 53 30 | www.zihuacentro.com | €€*

AUSKUNFT

Zihuatanejo: Palacio Municipal | Juan N. Álvarez | Tel. 01755 5 54 20 01; Ixtapa: Centro Comercial La Puerta | Tel. 01755 5 53 19 67 | www.zihua.net

MAZATLÁN

(174 A1) *(F7)* **Der größte Hafen zwischen San Diego und dem Panamakanal, der sich auch rühmt, die stärkste Krabbenflotte der Welt zu besitzen, ist ein gefragter Badeort.**

Weil Mazatlán (720 000 Ew.) wesentlich preiswerter ist als Acapulco, dient es als Urlaubsdomizil für mexikanische Familien. Da die Urlauber in der Hotelzone wohnen, ist die hübsche Altstadt vom Touristenrummel bisher weitgehend verschont geblieben. Bemerkenswert ist die vierspurige Strandpromenade, die fast um die gesamte Altstadt läuft. Die Umgebung fasziniert mit sumpfigen Lagunen, die von Flamingos und Kranichen bevölkert werden. Nördlich der Stadt entstehen zwischen Küstenstraße und Strand immer neue Komforthotels für US-amerikanische Urlauber.

SEHENSWERTES

ACUARIO MAZATLÁN ★
Das größte Aquarium Mexikos vermittelt einen Eindruck von der faszinierenden Vielfalt der pazifischen Unterwasserwelt. Neben zahlreichen Schaubecken, in denen auch Haie und Meeresschildkröten untergebracht sind und Tauchvorführungen stattfinden, bietet das Museo del Mar Ausstellungen und Exponate zum marinen Ökosystem. Zum Aquarium gehören auch ein Bereich für Seelöwen *(lobos)*, ein sogenanntes *ranario* mit 21 Gehegen für Kröten und Frösche, ein *aviario* mit Enten, Gänsen, Pelikanen und anderen Vogelarten sowie ein botanischer Garten. *Tgl. 9.30–17.30 Uhr | Deportes 111 | www.acuariomazatlan.com*

MUSEO ARQUEOLÓGICO
In einem neoklassizistischen Haus vom Beginn des 20. Jhs. präsentiert das kleine Museum präkolumbische Fundstücke. *Di–So 9–18 Uhr | Sixto Osuna 76*

ESSEN & TRINKEN

LA COPA DE LECHE 🌱
Sichern Sie sich einen Sitzplatz mit Blick aufs Meer! Serviert werden landestypische Spezialitäten sowie Fischgerichte mit den besten (selbst gemachten) Tacos der Stadt. *Olas Altas 1220a Sur | Tel. 01669 9 82 57 53 | €€*

SPORT & STRÄNDE

Gleich an der Uferstraße liegt der Strand *Olas Altas,* der weniger zum Sonnenbaden und Schwimmen (der Name des Strands bedeutet „hohe Wellen") als zum Promenieren geeignet ist. Er wird von zahlreichen Cafés und Restaurants gesäumt. Nördlich der Stadt beginnen die kilometerlangen Strände. Im *El Cid Resort (Camarón Sábalo)* werden Wasserski und Parachutesailing angeboten. Außerdem können Sie Segelboote und Windsurfbretter mieten. Ein Relativ preiswertes Vergnügen ist ein Bootsausflug zur *Isla de la Piedra* mit ihren herrlichen Stränden und Palmenhainen.

MAZATLÁN

AM ABEND

CAFÉ PACÍFICO/VINTAGE RETRO BAR
In der modernisierten Bar mit Großbildschirmen werden Rock und Pop der Sechziger- bis Achtzigerjahre gespielt. Im Freien sitzen Sie entspannt und genießen mexikanische Küche. *Constitución 74/Heriberto Frías (Plazuela Machado)*

INSIDER TIPP VALENTINO DISCO CLUB
Ein Hotspot für Partypeople ist dieser Open-Air-Beachclub, den zwei große *palapas* (Palmwedelschirme) gegen die Sonne schützen. Es gibt sogar einen Pool. *Fiesta Land | Camarón Sábalo (Nordende der Zona Dorada)*

ÜBERNACHTEN

HOTEL QUIJOTE INN
Das Strandhotel besitzt zwei Pools. Die Zimmer sind mit einer Küchenzeile ausgestattet und haben jeweils einen Balkon und Meerblick. *101 Zi. | Camarón Sábalo/Tiburón | Tel. 01669 9 14 11 34 | www.hotelquijoteinn.com | €€–€€€*

INSIDER TIPP LA SIESTA
Einfach und gut: Buchen Sie ein Zimmer mit Meerblick und genießen Sie den Balkon zum Ozean. *57 Zi. | Olas Altas 11 Sur | Tel. 01669 9 82 26 33 | www.lasiesta.com.mx | €*

AUSKUNFT

Fraccionamiento Tellería | Avenida del Mar 882 | Tel. 01669 9 81 88 83 | www.allaboutmazatlan.com

ZIELE IN DER UMGEBUNG

MEXCALTITÁN ★ (174 B2) (*G8*)
„Venedig Mexikos" wird das auf einer kreisrunden Insel in einer Lagune angelegte Dorf ca. 250 km südlich von Mazatlán auf dem Weg nach Tepic genannt. Während der Regenzeit, also im Sommerhalbjahr, steigen die Bewohner Mexcaltitáns zur Fortbewegung gelegentlich auf Kanus um, da sich dann die wenigen Straßen in Kanäle verwandeln. In den einfachen, landestypischen Restaurants werden mitunter köstliche, frische Langusten angeboten.

Die im Durchmesser nur rund 400 m große Insel Mexcaltitán wird von einigen Wissenschaftlern immer wieder mit dem mythischen Aztlán gleichgesetzt, von dem die Azteken um das Jahr 1100 ins mexikanische Hochland aufbrachen und dort Tenochtitlán gründeten. Viele Indizien sprechen für diese Theorie. Dagegen spricht jedoch, dass es im Zentrum von Mexcaltitán keinen Templo Mayor gibt oder auch nur dessen Ruinen – lediglich eine katholische Kirche überragt den Platz.

Heute haben sich die Bewohner auf Tourismus eingestellt. In den farbenfrohen, auf stark erhöhten Fundamenten liegenden Häusern wird Kunsthandwerk angeboten. Sie erreichen die Insel vom Embarcadero La Batanga. Durch ein Gewirr von Mangroven gelangen Sie über schmale Wasserstraßen mit dem Boot in 20 Minuten zur Insel.

SAN BLAS (174 B2) (*G8*)
Die dschungelartige Wasserlandschaft rund um das kleine Fischerstädtchen San Blas (9000 Ew.) südlich von Mexcaltitán knapp 300 km von Mazatlán erforschen Sie am besten per Boot. Im Dorf selbst erinnern das spanische Fort *Fuerte San Basilio* und das Zollhaus *(Aduana)* an die koloniale Vergangenheit. Der Ort zieht mit seiner legeren Atmosphäre besonders im Winter Surfer und junge Langzeiturlauber aus aller Welt an. *www.visitsanblas.com*

DIE WESTKÜSTE

PUERTO VALLARTA

(174 B3) *(*☼ *G9)* **An der Bucht von Banderas erwarten Sie mehr als zwei Dutzend goldfarbene Strände.**

Trotz der 2,5 Mio. Besucher pro Jahr ist die Atmosphäre in dem zu beiden Seiten des Río Cuale gelegenen Fischerorts (350 000 Ew.) typisch mexikanisch geblieben: Gepflasterte Innenstadtgassen, rote Ziegeldächer und schmiedeeiserne Balkone bestimmen das Stadtbild. Gebaut wird dagegen im Norden und an der Küste. Highlife herrscht an den Stränden. Neben den klassischen Sportarten gibt es Ausritte in den Dschungel.

SEHENSWERTES

ISLA DEL RÍO CUALE ★

Die 5 ha große Insel lockt mit ihren zahlreichen Freiluftcafés und -restaurants sowie Kunstgewerbeläden. Sie ist von beiden Straßenbrücken über Treppen sowie über eine Fußgängerbrücke nahe der Mündung zu erreichen. Auf der parkartigen Insel führen teilweise schmale Wege durch Gärten mit dichter Vegetation, u. a. Palmen und Bambus, zu pittoresken Plätzen. Die Wege sind gesäumt von Kunsthandwerksständen und Läden. Ein Standbild von John Huston erinnert an Puerto Vallartas Filmgeschichte. Das *Centro Cultural Cuale* bietet Ausstellungen und Folklore und in einem Museum können Sie archäologische Fundstücke der Westküste ansehen. Es gibt keine Autos und keinen Lärm, nur ruhige und schattige Wege.

ESSEN & TRINKEN

CAFÉ DES ARTISTES

In dem Café kommt französische Küche mit einem deutlichen mexikanischen Akzent auf den Tisch. *Guadalupe Sánchez 740 | Tel. 01322 2 22 32 28 | www.cafedesartistes.com | €€€*

Mexikanisches Flair herrscht im einstigen Fischerort Puerto Vallarta am Río Cuale

PUERTO VALLARTA

KAISER MAXIMILIAN
Unter Arkaden oder im klimatisierten Speiseraum serviert man eine Mischung aus österreichischer – der Name verpflichtet – und mexikanischer Küche. Mit beliebter Espressobar. *Olas Altas 380b | Tel. 01322 2 23 07 60 | www.kaisermaximilian.com | €€*

PIPI'S
Das Pipi's ist ein hervorragendes Restaurant. Sonntagvormittags von 9 bis 14 Uhr wird ein Brunch serviert. Die Livemusik zieht viele Einheimische an. *Pipila/Guadalupe Sánchez 804 | Tel. 01322 2 23 27 67 | www.pipis.com.mx | €–€€*

INSIDER TIPP BISTRO TERESA
Es lohnt sich, hier bereits vor dem Sonnenuntergang einzutreffen, dann einen Cocktail zu ordern und sich mit der Bestellung des Essens etwas Zeit zu lassen. Top ist der Red Snapper, der in diversen Variationen auf den Tisch kommt. *Carretera a Mismaloya km 1,5 | Tel. 01322 1 13 02 81 | €€*

STRÄNDE
Zu den schönsten Stränden in und bei Puerto Vallarta gehören die 10 km südlich gelegene *Playa Mismaloya* sowie das per Boot ab Marina Vallarta im Norden oder Muelle Los Muertos im Süden der Stadt erreichbare *Yelapa* mit palmblattgedeckten Strandrestaurants und tropisch anmutender Vegetation. In dieser südlichsten Bucht der Bahía Banderas legt das Boot am Playita Pier oder am halbmondförmigen Strand an. Hier lässt sich die Zeit genüsslich mit Schwimmen, Schnorcheln oder Fallschirmgleiten verbringen. Vom Strand führt ein 20- bis 30-minütiger Fußweg ins Dorf. Pferde stehen zur Verfügung und in Begleitung können Sie einen Ausritt zu einem in der Nähe gelegenen, 30 m hohen Wasserfall unternehmen. *www.yelapa.info*

AM ABEND
Zur *hora feliz,* der Happy Hour, trifft man sich in den Cafés an der Uferpromenade, dem Malecón.

ÜBERNACHTEN

CARTAGENA DE INDIAS
Das Hotel in der Altstadt bietet große Zimmer mit Ventilator sowie gegen Aufpreis mit Klimaanlage. *27 Zi. | Madero 428 | Tel. 01322 2 22 69 14 | €*

POSADA DE ROGER
Das Hotel im mexikanischen Stil liegt nur einen Block vom Strand entfernt. Mit Swimmingpool, Patio und viel Grün. *48 Zi. | Basilio Badillo 237 | Tel. 01322 2 22 06 39 | www.posadaroger.com | €*

INSIDER TIPP HACIENDA SAN ÁNGEL
Fünf Villen im Kolonialstil (eine gehörte dem US-Schauspieler Richard Burton) wurden zu einem Boutiquehotel umgestaltet; Komfort, Stil, drei Designerpools und teilweise Meerblick. *14 Suiten | Miramar 336 | Tel. 01322 2 22 26 92 | www.haciendasanangel.com | €€€*

AUSKUNFT
Zona Hotelera Plaza las Glorias | Comercial Hotel Canto del Sol|Local 18 | Tel. 01322 2 24 11 75 | www.visitpuertovallarta.com

ZIELE IN DER UMGEBUNG

COSTA ALEGRE
(174 B3–4) (*M* G–H 9–10)
Die Küstenstraße MEX 200 führt durch Palmenhaine und kleine Fischerdörfer

DIE WESTKÜSTE

südwärts, vorbei an Ferienclubs und versteckt gelegenen Hotels. Die 250 km lange, zwischen Puerto Vallarta und Manzanillo gelegene Costa Alegre ist die jüngste und wohl auch exklusivste Urlaubsregion der Westküste. Ungezählte Inseln ragen aus dem glitzernden Meer. Versteckte Lagunen bieten Lebensraum für Wasservögel und Säugetiere. „Küste der Schildkröten", *Costa Careyes,* nannten die Indianer den südlichen Küstenabschnitt. Seit Jahrzehnten sind seine Buchten Ziel des internationalen Jetsets. Die Regierung von Jalisco ernannte diesen Streifen zwischen Barra de Navidad und Chamela zur „ökologischen Küstenregion" und stellte damit die Weichen für ungetrübtes Urlaubsglück.

Die beiden Dörfer *San Patricio Melaque* und *Barra de Navidad,* auf einer Sandbank zwischen dem Meer und einer Lagune (hervorragende Surfbedingungen) gelegen, sind der Geheimtipp einer jungen, internationalen Bohemeszene. Das Leben spielt sich in den palmblattgedeckten Hotels und Restaurants ab.

Die schöne Playa Mismaloya ist nur einer der zahlreichen Strände bei Puerto Vallarta

MANZANILLO/LAS HADAS
(174 C4) *(H10)*

Auf einer Landzunge zwischen zwei Buchten 270 km südlich liegt die Ferienanlage *Las Hadas (234 Zi. | Tel. 01314 3 31 01 01 | www.lasbrisascollection.com | €€€),* eine extravagante Komposition maurisch-mediterraner Bauelemente mit Arkaden, *plazas* und Wasserspielen, Yachthafen und Golfplatz – eine erstklassige Ferienadresse. Hafenatmosphäre bestimmt das nahe gelegene Manzanillo (95 000 Ew.).

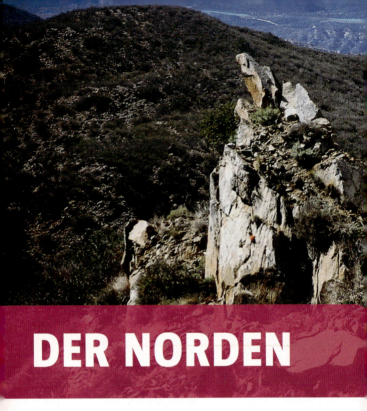

DER NORDEN

Kurz hinter der Stadtgrenze von Tijuana beginnt die Einsamkeit. Niederkalifornien oder, wie die Mexikaner sagen, Baja California erstreckt sich wie ein langer Finger rund 1300 km in den Pazifischen Ozean.

Die im Durchschnitt nur 90 km breite Halbinsel ist eine Welt für sich: Während die Landschaft mit ihren verschiedenen Braun-in-Braun-Tönen, mit Dornensträuchern, Kaktushainen und kahlen Felsformationen einen fast lebensfeindlichen Eindruck erweckt, ist die Tierwelt an den beiden Küsten von großer Mannigfaltigkeit. Manche einsam gelegenen Hotels haben Teleskope aufgestellt: Die Gewässer liegen an der Route der Wale, die von Dezember bis April hier ihre Jungen zur Welt bringen.

Nicht minder aufregend ist die Sierra Madre Occidental, die mit atemraubenden Schluchten aufwartet. Mit der Bahn gelangen Sie zur Kupferschlucht, die noch spektakulärer ist als der Grand Canyon in den USA.

BARRANCA DEL COBRE

(171 D2) (*m* F4–5) Der „Grand Canyon Mexikos" ist die ⭐ Barranca del Cobre, die Kupferschlucht. **Über 1500 m fallen die Felswände steil in die Tiefe.**
Ein wirklich unvergessliches Reiseerlebnis: 16 Stunden Eisenbahnfahrt von Los Mochis am Golf von Kalifornien nach

Allein mit der Natur: Mit dem Geländewagen geht es durch die Wüste und die Eisenbahn rumpelt durch unberührte Gebirgswelten

Chihuahua, durch Tropen, Berge und Wüste kosten im Erste-Klasse-Wagen mit Aussichtsplattform etwa 140 Euro, in der zweiten Klasse gut die Hälfte. Durch die Klimazonen der Erde, vom subtropischen Küstenland auf Meereshöhe, reisen Sie bis auf 2500 m ins unzugängliche Bergland der Sierra Madre Occidental und in die wüstenähnlichen Gebiete Nordmexikos.

Über 39 Brücken und durch 86 Tunnel suchen sich die Wagen der Bahn ihren Weg. Sie tragen das Signet eines laufenden Tarahumaraindianers. Tatsächlich leben etwa 45 000 Rarámuri, „Läufer", wie sie sich selbst nennen, in den Schluchten des Gebirges. Die Tarahumara sind bekannt für ihre erstaunlichen Dauerlaufleistungen, die mehr als 100 km betragen können. Als Tourist kommt man mit ihnen an den Bahnsteigen in Kontakt, wo sie Souvenirs verkaufen.

Ausgangspunkt für die abenteuerliche Fahrt ist *Los Mochis* **(170 C3–4)** *(Ø E5)*, eine 360 000 Ew. zählende Stadt an der nordmexikanischen Pazifikküste, die um-

BARRANCA DEL COBRE

geben ist von Zuckerrohrfeldern. Da der Zug jeden Morgen um 6 oder 7 Uhr abfährt, reisen die meisten Besucher am Vorabend an. Am zweckmäßigsten übernachten Sie im *Hotel Santa Anita (110 Zi. | Leyva/Hidalgo | Tel. 01668 8 16 70 46 | www.santaanitahotel.com | €€)* und lassen sich vom Reisebüro im Haus Zug-

Steilhängen der Cañons treffen Wanderer auf Pumas, Kojoten, Bären, Füchse, Wölfe und Rehwild.
An der Bahnstation von *El Divisadero* **(171 D2)** *(ΠΠ F4)*, 300 km von Los Mochis und 2250 m hoch, halten alle Züge 20 Minuten, damit die Reisenden von der nahe gelegenen ☀ *Aussichtsplattform*

Da kommt Cowboyfeeling auf: mit der Eisenbahn durch den wilden Westen Nordmexikos

tickets reservieren, sofern Sie sie nicht schon vor der Reise gebucht haben: *Native Trails | Tel. in D 06035 92 00 54 | www.nativetrails.de*.
Von Los Mochis geht es zunächst durch eine Ebene mit Zuckerrohr, Gemüsefeldern und subtropischem Grün. Von der Bahnstation Bahuichivo, 250 km von Los Mochis entfernt und etwa 1700 m hoch gelegen, erreichen Sie das 12 km entfernte Dorf *Cerocahui* **(171 D2)** *(ΠΠ F4–5)*. Über eine Straße, vorbei an einer Jesuitenmission aus dem 17. Jh., einem Wasserfall und verlassenen Minen, gelangen Sie zum Fluss Urique mit ehemaliger Goldmine und Geisterstadt. In den

ein unvergleichliches Naturschauspiel genießen können: Drei Cañons treffen hier zusammen, 1500 m fallen die Wände steil ab. In *Ojitos* ist mit 2460 m der höchste Punkt der Reise erreicht. 20 km weiter liegt *Creel* **(171 D2)** *(ΠΠ F4)*, mit 12 000 Ew. das Zentrum des Tarahumaralands. Die Endstation der Fahrt ist Chihuahua **(171 E1)** *(ΠΠ G4)*.
Eine ☀ **INSIDER TIPP** Seilbahn *(Teleférico Barrancas del Cobre | tgl. 9–16 Uhr)* führt in El Divisadero von der Talstation Piedra Volada 2,8 km weit (450 m Höhenunterschied) auf den Nachbarberg. Die beiden Kabinen fassen jeweils 60 Personen und funktionieren nach dem Push-pull-Prin-

DER NORDEN

zip: Die hinabgleitende Kabine zieht die aufwärtsfahrende nach oben. Die Rundfahrt dauert 40 Minuten: zehn Minuten hin, 20 Minuten Aufenthalt auf der Bergstation, zehn Minuten zurück.

ÜBERNACHTEN

HOTEL DIVISADERO BARRANCAS
Das rustikale Gebäude mit grandioser Aussicht am Rand der Kupferschlucht befindet sich bei der Bahnstation km 622. *52 Zi. | Tel. 01614 4 15 11 99 | www.hoteldivisadero.com | €€*

MISIÓN DE CEROCAHUI
12 km von der Bahnstation Bahuichivo liegt das kleine Haus im ländlichen Stil neben der Missionskirche im Zentrum der Tarahumaraortschaft *Cerocahui. 33 Zi. | Tel. 01635 4 56 52 94 | www.hotelmision.com | €€*

AUSKUNFT

FERROCARRIL DE CHIHUAHUA AL PACÍFICO
Méndez/24a Calle | Chihuahua | Tel. 01614 4 39 72 12 | www.chepe.com.mx

ZIEL IN DER UMGEBUNG

INSIDER TIPP TOPOLOBAMPO
(170 C4) (*E6*)
Wer die Fahrt in umgekehrter Richtung durch die Barranca del Cobre von Chihuahua aus nach Los Mochis antritt und mit der Fähre zur Halbinsel Baja California weiterreisen will, nimmt in Los Mochis ein Taxi zum 9000 Ew. zählenden Fährhafen (täglich nach La Paz) Topolobampo, einem Fischerdorf mit einer abenteuerlichen Geschichte. 1868 war der US-Ingenieur Albert K. Owen so begeistert von der schönen Landschaft, dass er hier eine „Sozialistische Metropole des Westens" plante und sie Topolobampo nannte. Um sie mit der Welt zu verbinden, entwarf er vier Jahre später die Eisenbahntrasse durch die Sierra Madre nach Chihuahua und weiter in die USA. 1881 übergab ihm die mexikanische Regierung den Boden und acht Jahre später kamen 300 Abenteurer mit dem Schiff aus New York. Obwohl ein Krankenhaus, eine Schule, Straßen und schöne Häuser gebaut wurden, brach das Projekt 1891 zusammen, nur wenige Siedler blieben zurück.

Ihre hellhaarigen Nachkommen spielen heute am Pier, lassen Drachen steigen oder kicken Coladosen. Schauen Sie die Hügel hinauf, sehen Sie einstmals prächtige Villen mit Säulen, Arkaden und großen Veranden, vor denen die Menschen dösen. Überall bröckelt es. Klettern Sie auf den *Cerro de San Carlos* und Sie

---

MARCO POLO HIGHLIGHTS

★ **Barranca del Cobre**
Eine der schönsten Eisenbahnstrecken der Welt führt durch die Kupferschlucht → S. 82

★ **Centro Cultural Quinta Gameros in Chihuahua**
Der prächtige Palast mit seiner exquisiten Innenausstattung ist künstlerischer und kultureller Mittelpunkt → S. 87

★ **Museo de la Revolución in Chihuahua**
In diesem großen Haus wohnte Pancho Villa – heute ist es ein der Revolution gewidmetes Museum → S. 87

★ **San Carlos**
Gehen Sie auf Tuchfühlung mit den Grauwalen in der Bahía Magdalena → S. 92

CHIHUAHUA

verstehen, warum Owen hier siedeln wollte: kleine Felseninseln im Blau des Meers, unberührte Buchten und weiße Strände. Der Ort lebt vom Fährbetrieb, einem bescheidenen Tagestourismus und dem Langustenfang. Einige einfache Hotels und zahlreiche Strandrestaurants versorgen die Besucher.

CHIHUAHUA

(168 C4) (*G4*) **Eine Cowboystadt wie aus einem Wildwest-Bilderbuch. In Leder gekleidete *rancheros* erledigen in Chihuahua (gesprochen: Tschi-wa-wa) ihre Viehgeschäfte.**

Touristen ist die in 1500 m Höhe in einem Tal der Sierra Madre gelegene Stadt (ca. 1,1 Mio. Ew.) vor allem bekannt als Endpunkt der Bahnfahrt durch die Kupferschlucht. Als wohlhabende Hauptstadt des größten mexikanischen Bundesstaats verfügt Chihuahua auch über einige prächtig restaurierte Kolonialpaläste und zahlreiche aufwendige Jugendstilbauten.

Chihuahua ist auch der Geburtsort von Pancho Villa, einer der schillerndsten Figuren der mexikanischen Revolution. Mit dem Schlachtruf „Viva la Revolución" führte er seine 1913 gegründete Reitertruppe División del Norte zum Sieg und damit zum Sturz des Diktators Porfirio Díaz. Mit Überfällen seiner Leute auf Großgrundbesitzer schuf sich Villa aber auch Feinde: Am 20. Juli 1923 wurde er erschossen.

BÜCHER & FILME

Viva Zapata! – Ein Kunstwerk der Filmgeschichte schuf 1951 Elia Kazan mit diesem Drama. Das Drehbuch von John Steinbeck lieferte eine historische Abenteuergeschichte für die Hauptdarsteller Marlon Brando und Anthony Quinn.

Frida – Julie Taymor führte 2002 Regie bei der Verfilmung des exzentrischen Künstlerlebens von Frida Kahlo. In der Hauptrolle glänzt Salma Hayek.

Die Legende der Maske – In dem deutschen Abenteuerfilm von 2014 (Regie Florian Froschmayer) findet eine Archäologin in Mexiko eine koloniale Maske – mit vielen Zwischenfällen.

Unheimliche Gesellschaft – Sechs Geschichten von Carlos Fuentes, die sich ins Phantastische wenden.

Gebete für die Vermissten – Jennifer Clement zeigt in ihrem Roman über ein mexikanisches Hausmädchen den Alltag von Drogen und Gewalt.

Workers – Der Regisseur José Luis Valle erzählt in seinem Film von 2013 satirische Geschichten über Herrschaftsverhältnisse im mexikanischen Arbeitsleben.

La Frontera – Die mexikanisch-US-amerikanische Grenze und ihre Künstler – Stefan Falke versieht seine fotografische Dokumentation (2014) mit Texten mexikanischer Autoren.

Mexiko – eine kulinarische Reise – Verfasst von Mexikos Grande Dame für glamouröses Catering, Susana Palazuelos: prachtvolle Fotos und phantastische Rezepte.

DER NORDEN

In den Dörfern des Bundesstaats Chihuahua leben die Tarahumaraindianer

SEHENSWERTES

CATEDRAL
Den frühen Reichtum Chihuahuas demonstriert die im 18. Jh. mit Silbersteuern erbaute Barockkirche. In ihrem Inneren ist sie prunkvoll ausgestattet mit Kunstwerken. *Plaza de Armas*

CENTRO CULTURAL QUINTA GAMEROS ★
Das ehemalige Wohnhaus eines mexikanischen Bergbauingenieurs bietet die seltene Gelegenheit, sich einmal ein großbürgerliches Gebäude von innen anzusehen. Es ist ausgestattet mit erlesenen Möbeln, die zum Teil aus dem Art nouveau stammen. Dazu informiert eine Ausstellung über die in der Umgebung siedelnden Mennoniten. *Di–So 11–14 und 16–19 Uhr | Paseo Bolívar 401/Calle 4*

MUSEO DE LA REVOLUCIÓN ★
„Quinta Luz" – auf den Namen seiner dritten, kurz zuvor verstorbenen Frau taufte Francisco „Pancho" Villa seinen 50-Zimmer-Palast. Neun Jahre nahm der Revolutionsheld hier Quartier, bis er 1923 in Chihuahua erschossen wurde. *Di–Sa 9–19, So 9–16 Uhr | Calle 10 Norte 3014/ Méndez*

PALACIO DE GOBIERNO
Gewaltige *murales* von Piña Mora zur Geschichte des Bundesstaats zieren diesen Ende des 19. Jhs. erbauten Palast, der während des Unabhängigkeitskriegs zum Schauplatz einer Hinrichtung wurde. Das Grab und ein Denkmal erinnern noch heute an Pater Hidalgo. *Tgl. 8–20 Uhr | Plaza Hidalgo*

ESSEN & TRINKEN

EL CORTIJO
Hier gibt es spanische Küche, Paella und zahlreiche vegetarische Gerichte. *Avenida Niños Héroes 508 | Tel. 01614 4 15 83 51 | www.elcortijorestaurante. com | €€*

CHIHUAHUA

Am Übergang zwischen Pazifik und Golf von Kalifornien: El Arco

LOS MEZQUITES

Das Familienrestaurant bemüht sich um regionale mexikanische Küche, Spezialität sind Steaks vom Holzkohlegrill. Außerdem können die Gäste aus einem großen Angebot an Pizzen wählen. *Avenida Cuauhtémoc 2009 | Tel. 01614 4116699 | www.losmezquites.com.mx | €€*

EINKAUFEN

MERCADO DE ARTESANÍAS

Der Kunsthandwerkermarkt bietet Spezialitäten aus dem Bundesstaat Chihuahua. *Victoria 506 und Aldama 511*

ÜBERNACHTEN

PALACIO DEL SOL

Von außen wirkt das zentral gelegene, 15-stöckige Hochhaus eher schlicht. Im Inneren bietet es jedoch großzügige Zimmer, außerdem gibt es einen Pool und einen Fitnessbereich. Je höher Ihr Zimmer liegt, desto besser ist der Ausblick über die Stadt. *204 Zi. | Avenida Independencia 116 | Tel. 01614 4123456 | www.hpalaciodelsol.com | €€–€€€*

INSIDER TIPP SAN FELIPE EL REAL

Das kleine Boutiquehotel, untergebracht in einem Haus aus dem 19. Jh., bietet individuell mit Antiquitäten gestaltete Zimmer. *6 Zi. | Allende 1005 | Tel. 01614 4372037 | www.hotelsanfelipeelreal.com | €€*

AUSKUNFT

Palacio de Gobierno | Libertad/V. Carranza | Tel. 01614 4293596 | www.chihuahua.gob.mx

ZIELE IN DER UMGEBUNG

CASAS GRANDES (168 A3) (*M F3*)

So wird heute die archäologische Stätte Paquimé („große Häuser") genannt, die 370 km nördlich von Chihuahua und 8 km von der Ortschaft Nuevo Casas Grandes entfernt in einem vegetationslosen Tal liegt. Die Siedlung der Chichimeken, um das Jahr 700 gegründet, avancierte um 1300 zur größten im nördlichen Mexiko und betrieb Handel mit dem Pueblovolk im Südwesten der heutigen USA. Eine Besonderheit war das Züchten tropischer Vögel. Die zahlreichen und teilweise recht gut erhaltenen Ruinen der Adobegebäude wurden 1998 in den Unescokatalog der schützenswerten Kulturgüter aufgenommen und seitdem

DER NORDEN

weiter restauriert. Das moderne *Museo de las Culturas del Norte (Di–So 10–17 Uhr)* zeigt Töpferwaren mit geometrischen Mustern, Kupferschmuck, Muscheln und Vogelfedern aus dem 12. bis 14. Jh.

MENNONITENDÖRFER
(168 B4) (*F4*)

Ein Besuch der rund 100 km westlich von Chihuahua gelegenen Stadt *Cuauhtémoc* erinnert an die Alte Welt. Die etwa 45 000 dort und in der Umgebung in Bauernhäusern lebenden Mennoniten haben blonde Haare, blaue Augen und sprechen eine niederdeutsche Mundart. Mit sechs Eisenbahnzügen erreichte die über 5000 Mitglieder zählende Mennonitengruppe 1921/22 ihr Ziel: die Hacienda Bustillos und die dazugehörigen 1000 km^2 Land, die sie von der mexikanischen Regierung für 2 Mio. Dollar erworben hatten. Mittlerweile haben die kinderreichen Familien das trockene Grasland in propere, kleine Gemeinden verwandelt, umgeben von Weizenfeldern und Apfelplantagen. Besucher werden freundlich, aber reserviert begrüßt.

LOS CABOS

(170 B–C6) (*D–E7*) **Das 60 000 Ew. zählende ehemalige Fischerdorf Cabo San Lucas liegt an der äußersten Südspitze von Baja California – dort, wo die Wasser des Golfs von Kalifornien *(Mar de Cortés)* und des Pazifiks zusammentreffen.**

Faszinierend ist die herbe Schönheit der umgebenden Natur. Auf der Halbinsel Baja California werden Sie sowohl das indianische als auch das koloniale Mexiko vergeblich suchen. *Cabo San Lucas* erscheint inmitten dieser rauen Umgebung wie eine Oase. In dem nicht einmal besonders schönen Städtchen, in dem ständig an einer Ecke ein neues Hotel, Restaurant oder Geschäft gebaut wird, treffen sich US-Touristen und Hochseeangler.

San José del Cabo ist eine gepflegte Kleinstadt, deren Bucht schon 1535 von Cortés besucht wurde und deren Geschichte bis ins 18. Jh. zurückreicht. Der Ort (70 000 Ew.) ist wesentlich beschaulicher als das 30 km südwestlich gelegene Cabo San Lucas. An der Hauptstraße, dem Boulevard Mijares, liegen einige gute Restaurants und Cafés. Zusammen mit Cabo San Lucas bildet der Ferienort die Los Cabos („die Kaps") genannte, aufstrebende Ferienregion, deren internationaler Flughafen von Airlines aus den USA bedient wird.

Baja California: Land der Kakteen

SEHENSWERTES

EL ARCO
Die der Küste vorgelagerte Felsformation mit einem natürlichen Tor an der Stelle, wo Pazifik und Golf von Kalifornien zusammentreffen, ist das Wahrzeichen der Stadt. Der Bogen lässt sich vom Festland

LOS CABOS

aus erkennen, darüber hinaus werden am Hafen Bootstouren angeboten.

ESTERO DE SAN JOSÉ

Um diese Süßwasserlagune mit ausgedehnten Sümpfen konzentriert sich ein *Vogelschutzgebiet* (über 250 Arten, darunter blaue Pelikane und Goldadler). Ein Spaziergang führt zum nahen Fischerdorf *La Playita,* das zum Ferienresort ausgebaut wird. *Bahía de San José del Cabo*

FARO DE CABO FALSO

Die Ruinen des alten Leuchtturms von 1890 und ein Schiffswrack von 1912 liegen 5 km südwestlich von Cabo San Lucas in den Dünen 200 m über dem Meer. Reisebüros organisieren Touren und an den Stränden der Stadt werden Pferde für einen Ritt zum Faro Viejo angeboten.

WALBEOBACHTUNGSTOUREN

Mit kleinen Booten nähern Sie sich den Grauwalen bis auf wenige Meter, vorausgesetzt, es ist Saison. Denn nur im Winterhalbjahr pflügen die sanften Meeresbewohner durch die warmen Gewässer von Baja California, um sich fortzupflanzen. Bootstouren können Sie für 35–70 US-$ in den großen Hotels, in Reisebüros oder im Hafen von Cabo San Lucas buchen.

In den Wintermonaten haben Sie gute Chancen auf ein Tête-à-Tête mit Grauwalen

ESSEN & TRINKEN

Die Restaurants in Los Cabos sind teurer als in den anderen Orten von Baja California; Auswahl und Konkurrenz sind groß.

BAJA CANTINA BEACH

Das moderne Restaurant mit Bar und Grill liegt am El-Médano-Strand. Abends wird Livemusik gespielt. *Cabo San Lucas | Playa El Médano | Tel. 01624 143 97 73 | www.bajacantina.com.mx | €€*

DAMIANA

Der von Pflanzen umrankte Patio des Herrenhauses aus dem 19. Jh. ist Treffpunkt der US-amerikanischen Hochseeangler. Steaks und hervorragende Fisch-

DER NORDEN

gerichte. *San José del Cabo | Boulevard Mijares 8 | Tel. 01624 142 04 99 | €€€*

PAZZO'S CABO
Ein Lichtblick unter den vielen US-Pizzerien, abends lange geöffnet. *Cabo San Lucas | Niños Héroes/J. M. Morelos | Tel. 01624 143 43 13 | €€*

SPORT & STRÄNDE

Zwischen Cabo San Lucas und San José ziehen sich zahlreiche Superstrände entlang, von denen wegen der gefährlichen Strömung nur acht zum Baden freigegeben sind. Surfer bevorzugen die *Costa Azul* und *Acapulquito* wegen der recht stürmischen Wellen. *Punta Palmilla* ist bestens geeignet zum Schnorcheln, Schwimmen und Sonnenbaden. Mehrere mit Preisen überhäufte 18-Loch-Golfplätze warten auf Besucher mit Handicap. Die Südspitze von Baja California ist das Ziel von Hochseeanglern aus aller Welt. Die Hotels im auch als Marlin-Hauptstadt der Welt bezeichneten Cabo San Lucas vermitteln Angelausflüge – teuer und nicht empfehlenswert!

AM ABEND

CABO WABO
Tequila und Mezcal unter einem weißen (imitierten) Leuchtturm, jedoch recht schick. Der Club wird seit 1990 vom **INSIDER TIPP** ehemaligen Van-Halen-Sänger und Songwriter Sammy Hagar betrieben. Täglich wechselnde Rockbands. *Cabo San Lucas | Vicente Guerrero/Lázaro Cárdenas | www.cabowabo.com*

ÜBERNACHTEN

INSIDER TIPP EL DELFÍN BLANCO
Einfache Hütten sowie komfortable *casitas* mit Schilfdach in einem Fischerdorf 3 km östlich von San José und 300 m vom Strand; Fahrräder, Krocket. *5 Zi. | Pueblo La Playa | Tel. 01624 142 12 12 | www.eldelfinblanco.net | €–€€*

INSIDER TIPP CASA NATALIA
Edel designtes Boutiquehotel mit eleganten Suiten, Terrassen und Whirlpool sowie Patio und Pool. Im Restaurant französisch-mexikanische Küche. Eine der schönsten Adressen von Baja California. *16 Zi. | San José del Cabo | Boulevard Mijares 4 | Tel. 01624 146 71 00 | www.casanatalia.com | €€€*

SEÑOR MAÑANA
Neben der Plaza von San José, mit Pool, Gemeinschaftsküche und Bibliothek. Alle

LOW BUDGET

In Creel empfiehlt sich das günstige, dabei recht komfortable Hotel *Plaza Mexicana (26 Zi. | Elfido Batista | Tel. 01635 4 56 02 45)*, dessen Besitzer auch das noch preiswertere *Hostal Margarita (50 Betten | López Mateos 11 | Tel. 01635 4 56 00 45 | www.casamargaritacreel.com.mx)* betreiben.

Museum, Folklore und eine Vielfalt von Ausstellungen und Events finden Sie im ● *Centro Cultural (Di–So 10–19 Uhr | Paseo de los Héroes/Mina | www.cecut.gob.mx)* von Tijuana. Viele Veranstaltungen gibt es zum Nulltarif, einige kosten geringen Eintritt.

Von der Grenzstation San Ysidro können Sie mit der Straßenbahn *San Diego Trolley* (auch als *Tijuana Trolley* bekannt) in 45 Minuten für nur 2,50 US-$ ins kalifornische San Diego fahren.

TIJUANA

In den Straßen der Shopping- und Vergnügungsstadt Tijuana herrscht buntes Treiben

Zimmer mit Bad, Ventilator und Kühlschrank. *8 Zi. | San José del Cabo | Álvaro Obregón 1 | Tel. 01624 142 13 72 | www.srmanana.com | €€*

AUSKUNFT

San José del Cabo | Plaza San José Locales 3 y 4 | Tel. 01624 146 96 28 | www.loscabosguide.com, visitloscabos.travel

ZIELE IN DER UMGEBUNG

LA PAZ (170 B5) (*D6*)

Die Hauptstadt (190 000 Ew.) der südlichen Baja California präsentiert sich modern mit zahlreichen Geschäften, Restaurants, Kinos und Diskotheken. Die im Vergleich zu Cabo San Lucas niedrigen Preise locken junge US-Amerikaner an, die hier dem Hochseeangeln nachgehen. Dafür sind die Hotels etwas weniger exklusiv, die Strände nicht ganz so malerisch. Glasbodenboote bieten Ausflüge zu den nahe gelegenen kleinen Inseln und den Seelöwenkolonien an.

SAN CARLOS ★ ☼ (170 A4) (*C6*)

Von Mitte Januar bis Mitte April versammeln sich Grauwale in den Gewässern von Baja California, um sich zu paaren und ihre Jungen zur Welt zu bringen. Viele Aussichtspunkte sind schwierig über ungeteerte Straßen oder nur vom Meer aus zu erreichen. Relativ einfach gelangen Sie jedoch zu den an der Bahía Magdalena etwa 400 km nördlich von Cabo San Lucas an der Westküste gelegenen Aussichtspunkten *San Carlos*, *Punta Stern* sowie *Puerto López Mateos*.

TIJUANA

(166 A1) (*A1*) Vom kalifornischen San Diego aus können Sie mit der Straßenbahn nach Mexiko fahren und zu Fuß über die Grenze gehen.

Von dort fahren von 8.30 bis 21 Uhr alle 15 Minuten Mexicoach-Busse *(www.mexicoach.com)* für 3 US-$ zur Station Downtown Tijuana Tourist Terminal an der Avenida Revolución, Ecke 7a Calle.

DER NORDEN

Für die Kalifornier ist Tijuana (2 Mio. Ew.) Wochenendziel: Preiswerte Einkaufsmöglichkeiten, Bars, Restaurants, Nachtclubs und Spielsalons garantieren den Wohlstand der Stadt. Bereits während der Prohibition 1920–1933 erlebte Tijuana einen ersten Boom, trafen sich seinerzeit die Durstigen von Seattle bis San Diego.

SEHENSWERTES

MUSEO DE LAS CALIFORNIAS
Das historische Museum der Halbinsel Baja California befindet sich im Centro Cultural de Tijuana (CECUT). Die Ausstellungen reichen von der präkolumbischen Archäologie über die Kolonialzeit bis ins 20. Jh. *Di–So 10–19 Uhr | Paseo de los Héroes 9350/Mina | www.cecut.gob.mx*

ESSEN & TRINKEN

CAESAR'S
Ribeye-Steak, Shrimps oder Tapas: Was auf dem Tisch landet, schmeckt vorzüglich. Ein Muss ist der in den 1930er-Jahren hier erfundene *Caesar's Salad. Avenida Revolución/Calles 4–5 | Tel. 01664 6 85 19 27 | www.caesarstijuana.com | €€*

CAFÉ LA ESPECIAL
Institution seit 1952 ist dieses Caférestaurant, in dem es die Klassiker der mexikanischen Küche gibt. *Boulevard Salinas 3600 | Tel. 01664 6 86 62 58 | www.cafelaespecial.com | €*

AM ABEND

CASA DE LA CULTURA
In dem historischen Gebäude bieten Amateure abends Pop, Folklore, Theater und Lesungen. *Paris/Lisboa (Colonia Altamira)*

ÜBERNACHTEN

LA MESA INN (BAJA INN)
Das etwas außerhalb gelegene Motel bietet Balkonzimmer, einen Pool und einen Fitnessraum. *140 Zi. | Boulevard Díaz Ordaz 12828/Gardenias | Tel. 01664 6 81 65 22 | www.bajainn.com | €€*

REAL DEL MAR GOLF RESORT
Countryatmosphäre in der Art eines mexikanischen Dorfs: Meerblick, Reiten und viel Stil. *80 Zi. | Carretera Escénica Tijuana–Ensenada km 19,5 | Tel. 01664 6 31 36 70 | www.realdelmar.com.mx | €€–€€€*

AUSKUNFT

Avenida Revolución zwischen Calles 3 und 4 | Tel. 01664 6 85 22 10 | www.seetijuana.com

MAQUILADORAS

Maquiladoras heißen die Freihandelsbetriebe, die an der Grenze zwischen Mexiko und den USA liegen. Die Fertigungsbetriebe profitieren von den niedrigen mexikanischen Löhnen. Rund 2000 dieser Fabriken gibt es und sie beschäftigen etwa 600 000 Menschen. Regionale Schwerpunkte sind dabei Tijuana und Ciudad Juárez. Morgens bringen Lastwagen Einzelteile heran, die zu Fertigwaren (Elektronik, Sportartikel u. a.) zusammengesetzt werden und schon am Abend Mexiko wieder verlassen.

DER SÜDEN

Im Süden des Landes begegnen Besuchern indianische Tradition und Folklore. Bis an die guatemaltekische Grenze reichen die südlichen Bundesstaaten Chiapas und Tabasco.

In den Tälern von Chiapas leben etwa 150 000 Tzeltal- und Tzotzilindianer. Sie sind Nachkommen der Maya, die jeweils ihre eigene Sprache sprechen und durch ihre Trachten voneinander zu unterscheiden sind. Der Fluss Usumacinta, der teilweise die Grenze zu Guatemala markiert, verläuft durch tropischen Regenwald und durch das Land der Lakandonen, die ebenfalls Nachkommen der Maya sind. Sie leben zurückgezogen im Urwald und bedienen sich noch immer der gleichen Anbaumethoden wie einst schon ihre Vorfahren.

Seit Jahren kommt es immer wieder zu Auseinandersetzungen zwischen Großgrundbesitzern – weniger als 100 Familien gehört das Land – und den Nachkommen der Maya, die am Rand des Existenzminimums leben.

Ungezählte indianische Dörfer verstecken sich in den Tälern und an den Berghängen Oaxacas. Das Leben der Einheimischen folgt noch immer den Traditionen. Oaxaca und Chiapas brauchen die Devisen der Touristen, deshalb wird die Entwicklung der touristischen Infrastruktur auch in kleinen Dörfern vorangetrieben, werden Naturschutzgebiete ausgebaut, entstehen Gästehäuser im landestypischen Adobestil, der Bauweise mit Lehmziegeln. Kunsthistorisch gehört die Region zu den Schatzkammern des

Bild: Markt in Zaachila

Lebendige Tradition: In Indiodörfern und auf den Märkten prächtiger Kolonialstädte ersteht das alte Mexiko wieder auf

Landes: Sie verfügt neben prächtigen präkolumbischen Stätten, wie Monte Albán, Mitla und Yagul, auch über bedeutende Kolonialstädte.

Vor Tausenden von Jahren gründeten die Maya in Chiapas (sowie auf der Halbinsel Yucatán, in Guatemala und Honduras) ihre prächtigen Ritualzentren. Hunderte von Mayastätten liegen noch heute verborgen unter wucherndem Dschungel. Ihre abgeschiedene Lage ist verantwortlich dafür, dass sie größtenteils noch nicht erforscht wurden.

OAXACA

(177 D5) *(M11)* **Viele Besucher kommen nach Oaxaca (350 000 Ew.), um von hier aus die eindrucksvolle Pyramidenanlage Monte Albán zu besichtigen, die nahe der Stadt liegt.**

Oaxaca, die Hauptstadt des gleichnamigen Bundesstaats, begeistert wegen ihrer beschaulichen, beinahe provinziell wirkenden Atmosphäre. Architektur und Stadtplanung erinnern mit ihren ein-

OAXACA

stöckigen Patiohäusern und den schnurgerade verlaufenden Straßen an die Kolonialzeit, die zahlreichen Gewerbe treibenden Indios in ihren bunten Trachten belegen die Bedeutung Oaxacas als

Das Museo de las Culturas de Oaxaca widmet sich den Indiokulturen

Markteinzugsgebiet. Jeden Abend versammeln sich die Besucher in den Restaurants und Cafés, die rund um den Zócalo liegen.

SEHENSWERTES

ANDADOR MACEDONIO ALCALÁ

Vom zentralen Platz zieht sich eine Fußgängerzone in Richtung Norden, die von zahlreichen kolonialen Gebäuden gesäumt wird. Einige beherbergen Restaurants und Geschäfte. Beachtenswert sind besonders die *Juristische Fakultät* der Universität, die *Bibliothek* und das kleine *Museum für zeitgenössische Kunst*. *Zwischen Zócalo und Santo-Domingo-Kirche*

CASA BENITO JUÁREZ

Der in einem kleinen Dorf bei Oaxaca geborene Zapoteke und 1858 zum mexikanischen Präsidenten gewählte Benito Juárez verbrachte in diesem Haus einige Jugendjahre bei einer wohlhabenden Familie. Das Museum vermittelt einen interessanten Einblick in den Lebensstil des 19. Jhs. *Di–So 10–19 Uhr | García Vigil 609/Carranza*

MUSEO DE LAS CULTURAS DE OAXACA ⭐ 🟠

Ein unbedingtes Muss: Im stilvollen Rahmen eines ehemaligen Dominikanerklosters sind archäologische Exponate und eine ethnografische Sammlung untergebracht, die einen nachhaltigen Eindruck vom Leben der vergangenen und gegenwärtigen Indiovölker vermitteln. Der eigentliche Schatz des Museums sind die im Grab 7 in Monte Albán entdeckten mixtekischen Grabbeigaben aus Jade und Gold. *Di–So 10–19 Uhr | neben der Santo-Domingo-Kirche*

MUSEO RUFINO TAMAYO ⭐

Der große mexikanische Maler der Moderne war ein Liebhaber und Sammler präkolumbischer Kunst. Einen Großteil seiner Schätze übergab er dem Staat Oaxaca. In fünf Sälen des ehemaligen Inquisitionshauses befinden sich heute die von Tamayo nach ästhetischen Gesichtspunkten zusammengestellten Objekte. *Mo und Mi–Sa 10–14 und 16–19, So 10–15 Uhr | Avenida Morelos 503 | www.rufinotamayo.galeon.com*

PLAZA PRINCIPAL

Im Herzen der Stadt liegt der verkehrsberuhigte Zócalo; er ist umgeben von Cafés und Arkadenrestaurants. Auf der Rundbühne werden jeden Tag Konzerte gespielt. Den *Palacio de Gobierno* schmückt ein Wandgemälde des be-

DER SÜDEN

rühmten mexikanischen Künstlers Arturo García Bustos zur Geschichte Oaxacas. Die *Kathedrale* aus grünem Serpentin beherbergt einen Altar aus griechischem Marmor und mehrere spanische Gemälde des 16. und 17. Jhs.

SANTO-DOMINGO-KIRCHE
Die Barockkirche wurde ab 1575 errichtet. Ihre Fassade, die von zwei mächtigen Türmen flankiert wird, zeigt Heilige des Dominikanerordens. Erst im Kircheninneren kommt die barocke Pracht des Gebäudes zur Entfaltung. *Tgl. 7–13 und 16–20 Uhr | Alcalá/Gurrión*

ESSEN & TRINKEN

HOSTERÍA DE ALCALÁ
Das Restaurant ist sehr empfehlenswert: Sie werden mit aufmerksamem Service und prima Essen verwöhnt. Außerdem sitzt man nett in einem wunderschönen Innenhof. *M. Alcalá 307 | Tel. 01951 5 16 20 93 | www.hosteriadealcala.com |* €€

LA OLLA
Das Lokal ist zugleich Café, Bar und Restaurant. Sie bekommen regionale Küche, diverse Kaffeespezialitäten sowie Fruchtsäfte. Außerdem können Sie eine Kunstgalerie besichtigen. *Reforma 402 (nahe der Santo-Domingo-Kirche) | Tel. 01951 5 16 66 68 | www.laolla.com.mx |* €

EL PORTAL DE LA SOLEDAD
Das Restaurant lockt mit einer phantastischen Lage über dem Zócalo. Sie haben teilweise eine schöne Aussicht auf den Platz. Serviert wird kreative regionale Küche. *Portal Benito Juárez 116 | Tel. 01951 5 16 47 47 |* €€€

EINKAUFEN

Oaxacas Kunsthandwerksprodukte, die von Indios auch auf der Straße verkauft werden, genießen einen hervorragenden Ruf. Die Touristeninformationen halten eine Liste bereit, aus der Sie die Markttage in den umliegenden Dörfern erfahren.

MARCO POLO HIGHLIGHTS

★ Museo de las Culturas de Oaxaca
In Grab Nr. 7 von Monte Albán schlummerten einst Schätze aus Jade und Gold – heute sind sie in Oaxaca für jedermann zu sehen → S. 96

★ Museo Rufino Tamayo in Oaxaca
Von der Sammelleidenschaft des mexikanischen Künstlers profitieren Museumsbesucher noch heute. Bewundern Sie die zahlreichen Stücke aus präkolumbischer Zeit → S. 96

★ Monte Albán
Über mehrere Jahrhunderte entstand auf einer Bergkuppe ein Platz für die Götter → S. 100

★ Tempel der Inschriften in Palenque
Genießen Sie einen vollkommenen Ausblick über die Pyramidenanlage → S. 102

★ Wasserfälle von Agua Azul
Nahe Palenque erwartet Sie ein wunderschönes Naturschauspiel: Auf 7 km Länge stürzt das hellblau schimmernde Wasser immer wieder die Felsstufen hinab → S. 104

★ San Juan Chamula
Ein Besuch in der Kirche dieses Dorfs bietet einen ungewohnten Einblick in die Kultur der Chamulaindios → S. 109

OAXACA

GALERÍA QUETZALLI
Die Kunstgalerie gehört zu den Kulturprojekten, die von Francisco Toledo initiiert wurden. Der Künstler ist Mexikos wohl berühmtester zeitgenössischer Maler. Auch seine Bilder können Sie in diesem Patiohaus besichtigen – und natürlich erstehen. *Constitución 104, beim Ostportal der Santo-Domingo-Kirche | www.galeriaquetzalli.wordpress.com*

INSIDER TIPP ▶ MUJERES ARTESANAS DE LAS REGIONES DE OAXACA (MARO)
Kunsthandwerkerinnen aus Dörfern der Umgebung haben eine Kooperative gegründet. Sie verkaufen Textilien, Keramik, Schmuck und Teppiche mit präkolumbischen Motiven. *5 de Mayo 204 | www.mujeresartesanas.mex.tl*

AM ABEND

CASA DE CANTERA ●
Bar und Restaurant mit Oaxacaküche. Im Salon zeigen Volkstanzgruppen *(grupo folklórico)* aus Stadt und Umgebung in den dekorativen Trachten der Gemeinden deren traditionelle Volkstänze *(danzas)*, begleitet von Musik. *Tgl. 20.30 Uhr | Armengol 104 | Tel. 01951 5 14 75 85 | www.casadecantera.com*

CASA DE LA CULTURA OAXAQUEÑA
In dem ehemaligen Kloster erleben Sie Volksmusik, Ballett und Tanz. In Gewölbegängen werden zudem wechselnde Ausstellungen von Kunstwerken gezeigt. *González Ortega 403 | www.casadelacultura.oaxaca.gob.mx*

INSIDER TIPP ▶ LA NUEVA BABEL
Die kleine Bar gehört zur Alternativszene. Im Patio finden häufiger Lesungen statt, außerdem sind Trovagesang, Jazz und experimentelle Musik zu hören. *Porfirio Díaz 224/Matamoros | www.lanuevababel.blogspot.de*

EL SAGRARIO
Ab 21 Uhr wird die Bar mit traumhaftem Patio beim Zócalo zur Live-Event-Location. Dann gibt es Pop, Rock, Salsa und Trova. *Valdivieso 120 | Tel. 01951 5 14 03 03 | www.sagrario.com.mx | €€*

LOW BUDGET

Einen geselligen Abend für Preisbewusste verspricht das *Centro Cultural El Puente (Real de Guadalupe 55 | Tel. 01967 6 78 37 23 | www.elpuenteweb.com)* in San Cristóbal de las Casas mit Kunstgalerie, Sprachschule und Kino. Im günstigen Restaurant gibt es vorwiegend vegetarische Küche. Es werden von *indígenas* hergestellte Textilien verkauft.

Perfekte Lage und preiswert: In unmittelbarer Nähe der Pyramiden von Palenque betreibt *Maya Bell* ein ❂ Hostel mit Campingplatz *(20 Zi. | Carretera Palenque–Ruinas km 5,5 | Tel. 01916 3 48 42 71 | www.mayabell.com.mx)*. Die Anlage ist in die Natur integriert und ökologisch ausgerichtet: Lokales Handwerk wird gefördert, Häuser und Möbel sind aus natürlichen Materialien.

Acht zapotekische Gemeinden, sogenannte *pueblos mancomunados*, 60 km nordöstlich von Oaxaca bieten ❂ ökologische Expeditionen zu Fuß, mit dem Fahrrad oder auf dem Pferd mit Kost und Logis sowie Begleitung zu niedrigem Preis. *Sierra Norte | M. Bravo 210 | Tel. 01951 5 14 82 71 | www.sierranorte.org.mx*

DER SÜDEN

Das sind die mexikanischen Moves: *Guelaguetza*-Tänzerin in der Casa de Cantera

ÜBERNACHTEN

INSIDER TIPP ▶ CASANTICA
Einen Block vom Zócalo entfernt liegt das Hotel in einem ehemaligen Konvent mit umlaufenden Galerien aus dem 16. Jh., vorzüglich restauriert und um ein neues Gebäude erweitert. Mit Pool in einem Patio. *49 Zi. | Morelos 601 | Tel. 01951 5 16 26 73 | www.hotelcasantica.com | €€*

POSADA CATARINA
Rustikale Unterkunft in einem historischen Haus des Zentrums mit Dachterrasse und eigener Cafeteria für das Frühstück. Dazu Parkplatz, Patio und Garten. *30 Zi. | Aldama 325 | Tel. 01951 5 16 42 70 | €*

LAS MARIPOSAS
In dem gemütlichen und familiären B & B wohnen Sie in Studioapartments mit Küche. Es gibt zwei hübsche Patios. Das Haus in Kolonialarchitektur stammt aus dem 19. Jh. und ist im üppigen mexikanischen Stil dekoriert. *15 Zi., 5 Apartments | Pino Suárez 517 | Tel. 01951 5 15 58 54 | www.lasmariposas.com.mx | €*

PAULINA
Die moderne Herberge für junge Leute im Zentrum bietet Annehmlichkeiten wie Dachterrasse, Parkplatz und Garten. 96 Betten in Schlafsälen und Doppelzimmern. *Trujano 321 | Tel. 01951 5 16 20 05 | €*

QUINTA REAL
Das 1576 erbaute frühere Kloster Santa Catalina, heute unter Denkmalschutz, ist eine der stilvollsten Adressen des Landes. Diverse Patios mit hübschen Gärten und Arkadengänge locken zum Spazieren, in den Zimmern sind zum Teil noch die ursprünglichen klösterlichen Bemalungen erhalten. *91 Zi. | 5 de Mayo 300 | Tel. 01951 5 01 61 00 | www.quintareal.com/oaxaca | €€€*

SANTA HELENA PLAZA
Das Hotel liegt in einer ruhigen Straße und bietet einfache Zimmer, einige mit

OAXACA

Balkon. Im Patio gibt es einen schönen Pool. Auch ein Parkplatz ist vorhanden. *30 Zi. | Galeana 304 | Tel. 01951 5 16 40 02 | www.hotelsantahelenaplaza.com | €*

AUSKUNFT

Avenida Independencia 607; Murguia 206 | Tel. 01951 5 16 01 23 | www.oaxaca-mio.com

ZIELE IN DER UMGEBUNG

MITLA (177 D5) (*M11*)
Nicht nur Fotografen sind hingerissen von der geometrischen Gestaltung der Architektur im 43 km von Oaxaca entfernten Mitla (12 000 Ew.). Im Palast der Säulen *(Palacio de las Columnas)* tragen die Wände der Patios und Räume einen Fassadenschmuck, der durch Licht und Schatten seine Schönheit offenbart. Annähernd 100 000 Ziegel haben mixtekische Künstler mosaikartig behauen und zahlreiche Rauten- und Mäandermuster geschaffen. Mitla bedeutet „Ort der Toten", selbst in den leider geplünderten kreuzförmigen Königsgräbern schmückte man die Wände auf diese Art. *Tgl. 8–17 Uhr*

MONTE ALBÁN ★ (176 C5) (*M11*)
Nur knapp 10 km von Oaxaca entfernt liegt eine der großartigsten Pyramidenanlagen Mexikos, das ehemalige Kultzentrum der Zapoteken. In ungefähr 2000 m Höhe wurde von den ersten Siedlern des Tals, vermutlich Olmeken, die Kuppe des Monte Albán, des „Weißen Bergs", abgetragen. Auf der so entstandenen 200 × 300 m großen Fläche errichteten sie Tempel und Paläste.
Wissenschaftler gliedern die geschichtliche Entwicklung Monte Albáns in fünf Phasen, die die Zeit von etwa 800 v. Chr. bis 1521 umfassen. Höhepunkt der Entwicklung war Monte Albán III (0–900):

Monte Albán: Auf der abgetragenen Bergkuppe errichteten die Olmeken ihre Pyramidentempel

DER SÜDEN

Zapoteken überbauten alte und errichteten neue prächtige Bauwerke; der Platz nahm seine heutige Form an. In der Folgezeit wandelten die Mixteken die Anlage in einen Bestattungsplatz um. Zu den interessantesten Bauwerken zählt das nördlich der Südplattform liegende *Observatorium* (ca. 100 n. Chr.); wahrscheinlich diente der Tempel mit seinem zugespitzten Grundriss zur Beobachtung des Himmels; ein Tunnel führt quer hindurch. Noch aus Monte Albán I stammt das *Gebäude der Tänzer (Edificio de los Danzantes)* an der südlichen Westseite, in dessen Innerem sich Reliefplatten mit olmekisch aussehenden Menschenfiguren befinden. *Tgl. 8–17 Uhr*

YAGUL (177 D5) (*M11*)

Der Ausflug nach Mitla lässt sich gut mit einem Besuch der 15 km entfernten archäologischen Stätte Yagul verbinden, der alten Kultstätte der Zapoteken und Mixteken. Ausgrabungsfunde sprechen dafür, dass es hier bereits um 600 v. Chr. eine Siedlung gab. Die erhaltenen Bauwerke stammen aber aus einer wesentlich späteren Epoche (900–1200 n. Chr.), aus der Übergangsphase von der zapotekischen zur mixtekischen Macht.

Die kleinere Anlage wird von *La Fortaleza* beherrscht, einer weithin sichtbaren Hügelfestung. Südlich davon gruppieren sich die Paläste und Wohnviertel der einstigen Bewohner. Zwischen Kakteen und Agaven erstrecken sich die Bauwerke über zahllose Treppen. Beeindruckend ist der Grundriss des *Palacio de los Seis Patios* (Palast der sechs Innenhöfe), einer rechteckigen, 60 × 80 m umfassenden Anlage, die von der Kunst der alten Baumeister zeugt. *Tgl. 9–17 Uhr*

ZAACHILA (176 C5) (*M11*)

Die stark indianisch geprägte Kleinstadt (30 000 Ew.) 17 km südwestlich von Oaxaca mit kolonialem Zentrum – vermutlich die letzte Hauptstadt der Zapoteken vor der spanischen Invasion – veranstaltet donnerstags einen großen **INSIDER TIPP** Markt mit viel Kunsthandwerk, auf dem auch Vieh und Kleintiere gehandelt werden. In der *Zona Arqueológica (tgl. 10–17 Uhr)* gibt es zwei von den Zapoteken angelegte und später von den Mixteken übernommene Grabstätten; die an Grab I angebrachten Stuckreliefs sind besonders gut erhalten.

PALENQUE

(178 B4) (*P11*) Besonders eindrucksvoll an diesen Mayapyramiden, die zu den berühmtesten ganz Mexikos gehören, ist ihre Lage in etwa 200 m Höhe in dichtem Dschungel zu Füßen des Usumacintagebirges am Ufer des Flusses Otulum.

Vom Rand des tropischen Regenwalds, dessen dichtes Grün die Pyramiden, Tempel und Paläste umschließt, schweift der Blick über die fast endlos erscheinende Ebene zum Golf von Mexiko in Richtung der 150 km entfernten Großstadt Villahermosa. Neben dieser landschaftlich schönen Lage sind es die teilweise hervorragend erhaltenen Dekorationen der Bauwerke, die jeden Besucher begeistern werden.

Die archäologische Stätte liegt etwa 8 km von der unbedeutenden und wenig attraktiven Stadt Palenque entfernt, deren 80 000 Ew. ganz auf den Tourismus eingestellt sind. Ein Fußweg führt von der Stadt zur Ausgrabungsstätte, die alte Flugpiste wurde zum Regionalflughafen ausgebaut. Über eine neue Straße nach Bonampak und Yaxchilán sind diese Orte jetzt gut zu erreichen.

Die heutige Gestalt der Anlage geht auf das 7. Jh. zurück. Um 642 begannen die

PALENQUE

Maya mit dem Aufbau der riesigen Zeremonialstätte, 300 Jahre später verließen sie den Stadtstaat, ohne dass man Hinweise auf die Gründe fand.

SEHENSWERTES

MUSEO DE PALENQUE
An der Straße zu den Ruinen liegt das Museum von Palenque, das Fundstücke aus der Anlage zeigt. Leider hat man die schönsten und wichtigsten Objekte nach Mexiko-Stadt gebracht. *Di–So 9–17 Uhr | Carretera Ruinas km 6,5*

Aufgang verläuft an der Rückseite. Fünf Eingänge zieren den Tempel, an dessen mittlerer Wand 617 Hieroglyphen prangen. Diese gaben dem äußerst eindrucksvollen Gebäude seinen Namen.
Ein 1949 entdeckter Schacht führte dem mexikanischen Archäologen Alberto Ruz Lhuillier durch das Innere der Pyramide zu einer unter der Erdoberfläche gelegenen *Krypta (nur zu bestimmten, wechselnden Zeiten)*. In einem steinernen Sarkophag lag der Priesterherrscher Pacal (615–683 n. Chr.) begraben. Sie dürfen die restaurierte Treppe hinunterstei-

Aus dem 7. Jh. stammt die riesige Zeremonialstätte der Maya in Palenque

RUINAS DE PALENQUE
Der Rundgang durch die Tempelanlage sollte möglichst früh beginnen, weil es in Palenque mittags sehr schwül wird. Regenjacke und Insektenschutzmittel gehören im Sommer zur Besichtigung dazu. Zu dem berühmten ★ *Tempel der Inschriften (Templo de las Inscripciones)*, 21 m hoch, führt eine steile Treppenanlage über acht Plattformen, ein bequemer

gen und sich die berühmte Abdeckplatte aus Stein ansehen.
Ein wundervoller Blick ergibt sich vom ❋ Eingangsbereich des Tempels auf den gegenüberliegenden Großen Palast *(El Palacio)*. Dieser ist der größte Gebäudekomplex der Anlage. Auf einer über 100 m langen Plattform gruppieren sich zahlreiche Bauten um vier Innenhöfe. Ein über 15 m hoher Turm *(Observatorium)*

DER SÜDEN

kann von Schwindelfreien erklommen werden. Im gesamten Palastbereich, der auch Wohn- und Baderäume umfasst, sind Reste von Stuckdekorationen und farbigen Bemalungen zu erkennen. Hinter dem Palast stoßen Sie auf den unterirdischen Aquädukt der Maya, mit dem der Otulum kanalisiert wurde.

Jenseits des Flusses liegen auf Hügeln drei zauberhafte Bauten. Der Tempel der Sonne *(Templo del Sol)* verfügt über einen sehr gut erhaltenen Dachkamm *(crestería)*. Seinen Namen erhielt das 692 errichtete Gebäude von einem Sonnenrelief, das die Rückwand des Tempels ziert.

Kehren Sie ans andere Ufer des Flusses zurück, finden Sie auf dem weiteren Weg durch die Zeremonialstätte die Nordtempel, fünf Gebäude in einer Reihe. Davor liegt ein spektakulärer Bau, der Tempel des Grafen *(Templo del Conde)*, benannt nach dem österreichischen Mayaforscher Graf Friedrich von Waldeck, der mehrere Jahre mit seiner Gefährtin auf dem Dach des gut erhaltenen Bauwerks campierte. Seit man 1994 unter dem Tempel XIII (westlich neben der Pyramide der Inschriften) einen weiteren Sarkophag aus dem Jahr 700 mit dem Skelett einer Person mit einer Jademosaikmaske und Edelsteinschmuck entdeckte *(La Reina Roja)*, werden die Ausgrabungen verstärkt fortgesetzt. Man vermutet, dass der zentrale Platz von Palenque die Nekropole der Herrscher gewesen sein könnte. *Tgl. 8–17 Uhr*

ESSEN & TRINKEN

CAFÉ DE YARA
Zweistöckiges Caférestaurant einen Block westlich des Zócalos mit Tischen auf der Straße und bereits zum Frühstück ab 7 Uhr geöffnet. Angeboten werden mexikanische Küche sowie diverse Salate und europäische Kaffeespezialitäten. *Hidalgo 66/Abasolo | Tel. 01916 3 45 02 69 | €*

MAYA
Das Restaurant am Zócalo bietet wechselnde, schmackhafte Menüs. In der zweiten Filiale im Stadtteil Cañada bekommen Sie gute regionale Küche. *Maya Centro: Independencia/Hidalgo | Tel. 01916 3 45 00 42 | €; Maya Cañada: Calle Merle Green 6 | Tel. 01916 3 45 02 16 | €€*

EINKAUFEN

In der Stadt Palenque gibt es nur überteuerten Kitsch. Souvenirs finden Sie auch an einer Reihe von Verkaufsständen vor der archäologischen Stätte.

ÜBERNACHTEN

An der Straße von der Stadt zur archäologischen Stätte liegen zahlreiche Hotels der mittleren Preiskategorie. Preiswertere Häuser finden Sie um den Zócalo herum.

MAYA TULIPANES
Behaglich ausgestattete Zimmer, großer Pool mit palmstrohgedeckter Bar inmitten eines tropischen Gartens sowie stimmungsvolles Restaurant. *72 Zi. | La Cañada | Merle Green 6 | Tel. 01916 3 45 02 01 | www.mayatulipanes.com.mx | €€*

MISIÓN PALENQUE
Das größte und beste Haus der ganzen Region, umgeben von Gärten und viel Grün, verfügt – neben einem großen *Palapa*-Restaurant – über zwei Pools, Tennisplätze, einen Fitnessraum und ein Spa mit aztekischem Schwitzbad *(temazcal)*. Außerdem können Sie Fahrräder für Touren in die Stadt und zur archäologischen Stätte ausleihen. *207 Zi. | Rancho San Martín de Porres (Periférico Oriente) |*

PALENQUE

Tel. 01916 3 45 02 41 | www.misionpalenque.com | €€–€€€

INSIDER TIPP EL PANCHÁN

Dieser Komplex für umweltbewusste jüngere Reisende bietet Übernachtungsmöglichkeiten vom Zelt über *Hostal*-Schlafräume und einfache *cabañas* bis zu Doppelzimmern mit Bad, die auf einem großen Gelände von verschiedenen Familien betrieben werden. Es gibt zwei Restaurants, einen Pool, ein aztekisches Schwitzbad und Internet. Zudem werden Ökotouren angeboten. *Carretera Ruinas km 4,5 | kein Tel. | www.elpanchan.com | €*

AUSKUNFT

Juárez/Abasolo | Tel. 01916 3 45 03 56 | www.mesoweb.com

ZIELE IN DER UMGEBUNG

BONAMPAK (178 C5) (*Q11*)

140 km von Palenque im Grenzgebiet zu Guatemala, mitten im Regenwald von Chiapas, liegt Bonampak, eine selten besuchte Mayakultstätte. Der Name bedeutet „bemalte Wände" und die Stätte gilt als einzigartiges Dokument der Monumentalmalkunst der Maya.

Das Zentrum bildet eine Akropolis aus elf kleineren Tempeln. Im *Templo de las Pinturas* (Tempel der Malereien) wurden die Wände und Decken der drei gewölbten Säle mit bunten Fresken geschmückt. Zu sehen sind Szenen aus der Zeit von Chaan Muan, der laut Mayakalender um 776 den Thron bestieg. Die Fresken von Bonampak veranlassten die Wissenschaftler, ihre Vorstellung von einer friedfertigen Mayazivilisation aufzugeben: Abgeschlagene Köpfe und Besiegte, die auf ihre Hinrichtung warten, sind ebenso dargestellt wie Menschenopfer.

Der Besuch von Bonampak ist über eine gute Straße möglich (plus 9 km Piste), die auch nach Frontera Corozal am Río Usumacinta führt. Dort fahren Boote nach Yaxchilán und Bethel (Guatemala). Angebote mit kombiniertem Besuch von Bonampak und Yaxchilán gibt es in den Reisebüros von Palenque.

WASSERFÄLLE VON AGUA AZUL
(178 B4) (*P11*)

65 km von Palenque entfernt auf dem Weg nach San Cristóbal de las Casas führt eine 4-km-Abzweigung zum schönsten Wasserfall des Landes, genauer gesagt zu unzähligen Wasserfällen, die über eine Strecke von 7 km hellblau durch das dichte Grün sprudeln. Die Vegetation ist üppig, die Wege matschig. Sie gehen an den zahlreichen Kaskaden hinauf, über notdürftige Brücken und Steinplatten. Wanderer finden unterwegs malerische Plätze zum Campieren. Einfache Restaurants und Erfrischungsstände sind vorhanden, öffentlicher Verkehr nur auf der Hauptstraße.

YAXCHILÁN ● (178 C5) (*Q11*)

Die Stätte gilt neben Palenque als bedeutendste im Süden Mexikos. Umgeben von Regenwald, gruppieren sich rund 100 Bauwerke um das Ufer des Usumacintastroms. Zentrum der Mayaanlage (500–900 n. Chr.) ist ein Platz mit lang gezogenen, rechteckigen Gebäuden sowie einem Ballspielplatz. Die detailgetreu erhaltenen Friese und Skulpturen auf den Gebäuden brachten den Mayaforschern neue Erkenntnisse. Auf einer Skulptur zieht sich eine kniende Frau eine mit Dornen besetzte Kette durch die Zunge, eine offenbar übliche Form des Opfers durch Kasteiung. Blut musste nicht nur bei den Azteken fließen, um die Götter zu besänftigen oder um sich die Gnade des Herrschers zu erhalten. Das

DER SÜDEN

Machen mit ihrem blauen Schimmer ihrem Namen Ehre: Wasserfälle von Agua Azul

Besondere an Yaxchilán sind seine Türstürze, einzigartige Zeugnisse der Mayaherrschaft. Reliefartig abgebildet wurden die Fürsten von Yaxchilán, ganz dem damaligen Schönheitsideal entsprechend: mit extrem abgeflachter Stirn und gebogener Nase.

Über eine Straße gelangen Sie nach Frontera Corozal am Río Usumacinta, von wo Boote Sie in 60 Minuten nach Yaxchilán bringen. Am schönsten ist ein Besuch in den frühen Morgen- oder Abendstunden, wenn die Stimmen des Urwalds erwachen.

SAN CRISTÓBAL DE LAS CASAS

(178 A5) (*P11*) **Obwohl schon lange kein Geheimtipp mehr, treffen sich in diesem geruhsamen Kolonialstädtchen (120 000 Ew.) nach wie vor Rucksackreisende aus aller Welt.**

Dazu gesellen sich zahlreiche Reisegruppen, denn San Cristóbal ist Anlaufstation in vielen Rundreiseprogrammen. Trotz des florierenden Besucherstroms hat die Stadt fast nichts von ihrer ursprünglichen Atmosphäre eingebüßt und überall ist die indianische Bevölkerung in ihren farbenprächtigen Trachten präsent. Es herrscht durchweg mildes Klima (allerdings mit kühlen Nächten).

Die Straßen sind geprägt von weiß gekalkten, einstöckigen Häusern mit roten Tonziegeln und wuchtigen Holztüren, dazwischen stehen koloniale Herrenhäuser und barocke Kirchen. Das nicht weit von der guatemaltekischen Grenze in einem hoch gelegenen Tal versteckte San Cristóbal mag zwar für einige wie am Ende der Welt liegen, doch der Besuch lohnt sich und so mancher bleibt länger als geplant.

SAN CRISTÓBAL DE LAS CASAS

SEHENSWERTES

INSIDER TIPP ▶ MUSEO DE LA MEDICINA MAYA

Die Ausstellung gibt eine Einführung in die Arten und Wirkungsweisen der indigenen Heilkräuter und -pflanzen – auch in englischer Sprache. Das Museum verfügt auch über einen kleinen Shop. *Mo–Fr 10–18, Sa/So 10–17 Uhr | Avenida Salomón González Blanco 10 (nördl. der General Utrilla jenseits des Markts links)*

MUSEO NA BOLOM

Die Witwe des Mayaforschers Frans Blom, Gertrude Duby-Blom, leitete bis zu ihrem Tod 1993 das bemerkenswerte *Haus des Jaguars,* ein ethnologisches und archäologisches Museum, das der indianischen Kultur von Chiapas gewidmet ist. Darüber hinaus genoss sie auch einen hervorragenden Ruf als einfühlsame Porträtistin der Lakandonen. ◉ Die Organisation, die das Museum betreibt, wird durch Spenden finanziert und engagiert sich mit Naturschutzprojekten. Die Lakandonen werden durch den Verkauf ihres Kunsthandwerks unterstützt. *Tgl. 8–18 Uhr | Guerrero 33/Calzada Frans Blom | www.nabolom.org*

PLAZA 31 DE MARZO

Um den Zócalo der Stadt gruppieren sich einige schöne koloniale Gebäude, das Rathaus *(Palacio Municipal)* sowie die Kathedrale. Die *Casa de Mazariegos (Ecke Avenida Insurgentes)* aus dem 16. Jh., das Haus des Stadtgründers Diego de Mazariegos, beherbergt heute ein Hotel. Die ebenfalls aus dem 16. Jh. stammende *Catedral Nuestra Señora de la Asunción* besitzt einige wertvolle Barockaltäre, reiche Holzschnitzarbeiten sowie Gemälde von Juan Correa und Miguel Cabrera.

SANTO-DOMINGO-KIRCHE

Die kunsthistorisch bedeutsamste Kirche der Stadt aus der Mitte des 16. Jhs. beeindruckt bereits von außen durch ihre kompakte, wuchtige Fassade im mexikani-

Arkadengeschmückt: Gebäude an der Plaza 31 de Marzo, dem Zócalo in San Cristóbal de las Casas

DER SÜDEN

schen Barock mit einem Habsburger Doppeladler. Im Inneren sind vergoldete Altäre zu sehen. *General Utrilla*

ESSEN & TRINKEN

INSIDER TIPP **CASA DEL PAN**
Restaurant in einem Kulturzentrum, in dem nur frisch zubereitete vegetarische Speisen sowie selbst gebackenes Brot in alternativem, buddhistisch angehauchtem Ambiente aufgetischt werden. *Real de Guadalupe 55 | Tel. 01967 6 78 72 15 | www.casadelpan.com | €*

EL FOGÓN DE JOVEL
Seit über 20 Jahren werden im geschützten Innenhof eines Kolonialhauses 50 m vom Zócalo regionale Spezialitäten aus Chiapas aufgetischt, liebevoll serviert im Tongeschirr der Region. Wählen Sie aus einer umfangreichen Getränkekarte mit Cocktailspezialitäten aus Chiapas. Dazu gibt es oft Live-Marimbamusik. *Avenida 16 de Septiembre 11/5 de Febrero | Tel. 01967 6 78 11 53 | www.fogondejovel.com | €€–€€€*

LA PALOMA
Das nahe dem Zócalo gelegene Restaurant mit üppig begrüntem Patio bietet ab 21 Uhr ruhige Livemusik und offeriert mexikanische (auch regionale) Küche. Im 1. Stock sind wechselnde Kunstausstellungen zu sehen. *Hidalgo 3 | Tel. 01967 6 78 15 47 | www.lapaloma-rest.com | €€*

PLAZA REAL
Das besonders stimmungsvolle Restaurant hat einen sehr romantischen Innenhof. Serviert wird mexikanische und internationale Küche. Vorzüglich sind hier die diversen Pastagerichte. *Real de Guadalupe 5 | Tel. 01967 6 78 09 92 | €€*

TIERRA DENTRO CAFÉ
Im großen Patio befinden sich diverse Buch- und Kunsthandwerksstände – empfehlenswert zum Schlendern und Schauen. *Real de Guadalupe 24 | Tel. 01967 6 74 67 66 | €€*

EINKAUFEN

Rund um die Santo-Domingo-Kirche bieten Straßenhändler, darunter viele Frauen aus Guatemala mit ihren Kindern, Textilien und Souvenirs zum Verkauf an.

J'PAS JOLOVILETIC
„Jene, die weben" nennt sich die Kooperative indianischer Frauen, die aus traditionell mit Pflanzenextrakten gefärbter Wolle und Baumwolle hochwertige Textilien herstellt. *Avenida General Utrilla 43*

ÜBERNACHTEN

CASA MEXICANA
Im farbenfrohen mexikanischen Kolonialstil und umgeben von einem zauber-

SAN CRISTÓBAL DE LAS CASAS

haften Garten: Die Zimmer mit Gartenterrasse öffnen sich in fast tropische Natur und sind dekoriert mit lokalem Kunsthandwerk. Ein kleines Spa bietet erholsame Massagen und das hoteleigene Restaurant *Los Magueyes* lockt mit Spezialitäten und angenehmer Atmosphäre. *52 Zi. | 28 de Agosto 1 | Tel. 01967 6 78 06 98 | www.hotelcasamexicana.com | €€–€€€*

SA POSADA JOVEL
Fünf Blocks vom Zócalo entfernt liegt dieses hübsche, zweigeschossige Hotel im Kolonialstil mit viel preiswertem Komfort. Der Innenhof schmückt sich mit grünen Gärten. Es werden auch Touren in die Umgebung der Stadt angeboten. *18 Zi. | Flavio Paniagua 27 | Tel. 01967 6 78 17 34 | www.hoteljovel.com | €*

RINCÓN DEL ARCO
Das koloniale Haus wurde 1650 errichtet und verfügt über gemütlich eingerichtete Zimmer mit offenem Kamin. Reservierung ratsam. *48 Zi. | Ejército Nacional 66/Guerrero | Tel. 01967 6 78 13 13 | www.rincondelarco.com | €€*

ROSSCO BACKPACKERS HOSTEL
Die kleine Herberge im Haciendastil bietet jungen Leuten neben fünf Schlafräumen (4–14 Personen) auch Doppelzimmer mit Bad. Eine Gemeinschaftsküche, Waschmaschinen und kostenloses Internet machen auch einen längeren Aufenthalt angenehm. Dazu gibt es einen großen Garten mit Hängematten. Auch die Lage stimmt, denn zum Zócalo sind es nur fünf Minuten Fußweg. *7 Zi. | Real de Mexicanos 16 | Tel. 01967 6 74 05 25 | www.backpackershostel.com.mx | €*

AUSKUNFT
Avenida Hidalgo 1-B | Tel. 01967 6 78 65 70 | www.mundomaya.com.mx

ZIELE IN DER UMGEBUNG

In der näheren Umgebung von San Cristóbal liegen einige malerisch anmutende Indiodörfer. Touristen gegenüber verhalten sich die Dorfbewohner meist gleichgültig, teilweise jedoch auch ablehnend bis feindlich. Deshalb gilt: Üben Sie äußerste Zurückhaltung beim Fotografieren und holen Sie vorher stets das Einverständnis der betreffenden Person ein! Absolutes Fotografierverbot besteht in den Kirchen.

CHIAPA DE CORZO/CAÑÓN DEL SUMIDERO (178 A5) (*M O11*)
60 km westlich von San Cristóbal, über eine landschaftlich schöne Serpentinenstrecke zu erreichen, liegt die Kolonialstadt Chiapa de Corzo an den Ufern des Río Grijalva. Das Städtchen verfügt über eine lebhafte *plaza* und einige sehenswerte Kolonialgebäude, darunter das *Santo-Domingo-Kloster*. Die Plaza schmückt der große Kolonialbrunnen *La Pila*, im 16. Jh. aus Ziegelsteinen erbaut und der spanischen Königskrone nachempfunden. In Chiapa de Corzo kaufen Sie die schönsten Lackarbeiten des Landes. Das *Museo de la Laca (Di–So 10–17 Uhr)* am Zócalo dokumentiert die Vielfalt der verwendeten Farben und Muster. Gut und komfortabel übernachten Sie im sehr empfehlenswerten Hotel *La Ceiba (54 Zi. | Avenida Domingo Ruiz 304 | Tel. 01961 6 16 03 89 | www.laceibahotel.com | €–€€)*.

Rustikale Lokale mit landestypischer Küche gruppieren sich um die Abfahrtsstelle für eine INSIDER TIPP Bootsfahrt in den Cañón del Sumidero. Zwei bis drei Stunden dauert die Fahrt, besonders romantisch ist es in den frühen Abendstunden. Passiert werden auf der Tour Wasserfälle und moosbewachsene Felswände ebenso wie Höhlen, in die die Boote auch

DER SÜDEN

In vielen Dörfern von Chiapas finden Sie farbenprächtige gewebte Textilien

hineinfahren. Ein Teil der Schlucht wurde in den privaten, kostenpflichtigen ökotouristischen Park *Amikúu* umgewandelt.

SAN JUAN CHAMULA ★
(178 A5) (*P11*)
Das meistbesuchte Dorf in Chiapas ist das etwa 10 km nordwestlich gelegene San Juan Chamula, das religiöse Zentrum der in den umliegenden Bergen wohnenden Chamulaindios. Beim Betreten der am Zócalo gelegenen Kirche (zuvor müssen Sie im Palacio Municipal an der *plaza* eine Gebühr entrichten) folgt meist ein Chamula, um auf die Einhaltung des Fotografierverbots zu achten. Für christliche Besucher ist die Atmosphäre eigenartig: Bunt gewebte Tücher hängen von den Wänden, der Boden ist über und über mit Kiefernnadeln bedeckt, Indios hocken auf dem Fußboden, trinken Coca-Cola, entzünden Kerzen, singen, beten und unterhalten sich angeregt.

TENEJAPA (178 B5) (*P11*)
Ein landschaftlich schöner Ausflug führt – allerdings über schlechte Straßen – in das 30 km nordöstlich gelegene Dorf. Die von Bergen umgebene Siedlung der Tzeltalindianer ist bekannt für die Handarbeiten ihrer Webkooperative. Die von Frauen gefertigten Gürtel und Decken werden während der ganzen Woche angeboten, besonders groß ist die Auswahl am Sonntag, dem dortigen Markttag.

ZINACANTÁN (178 A5) (*P11*)
Wohnort der Tzotzilindianer ist das rund 10 km nordwestlich von San Cristóbal gelegene Dorf (Fotografierverbot!), zu dem zahlreiche Busse pendeln. Bummeln Sie durch die ländlichen Gassen der Siedlung und besuchen Sie die *Kirche* am Ende der Straße. Ihr Inneres zeigt in besonders auffälliger Weise den Synkretismus aus indianischem Glauben und katholischer Missionierung.

GOLF VON MEXIKO

Die Küste des Golfs von Mexiko steht für beschwerliches Reisen: Feuchtheißes Klima und wenig touristische Infrastruktur verlangen nach hartgesottenen Besuchern. Schöne Strände gibt es nur wenige entlang der von Sümpfen zergliederten Küste. Warum also hierher reisen?

Die Golfküste hat Geschichte: Hier traf die Neue auf die Alte Welt, hier betrat der Eroberer Hernán Cortés zum ersten Mal amerikanischen Boden. Keine *plaza* in Mexiko ist berauschender, karibischer als die von Veracruz. Alte Zeremonialstätten liegen in der Nachbarschaft von Erdölraffinerien der Neuzeit. Der Jagd nach dem schwarzen Gold verdanken wir die Entdeckung des Kultzentrums der Olmeken.

VERACRUZ

(177 D3) *(M10)* **Mexikos Tor zur Welt gibt sich als karibisch geprägte Metropole. Veracruz ist die größte Hafenstadt des Landes (800 000 Ew.) und pflegt seinen Ruf der Leichtlebigkeit und Weltoffenheit.**

Die Mixtur ist aufregend: Barocke Gebäude stehen unter hohen Palmen, Menschen aus Afrika und der Karibik, aus Südamerika und Asien flanieren durch die Straßen. Auf dem Zócalo treffen sich Liebespaare und Marimbaspieler. Zur Karnevalszeit im Februar und März platzt die Stadt aus allen Nähten: Nirgendwo sonst in Mexiko wird lauter, schöner, lebhafter gefeiert.

Bild: Nischenpyramide der Tempelanlage El Tajín

Erdöl und Olmeken: Einst nahm hier die Kultur der alten Völker ihren Anfang, heute wird das schwarze Gold verarbeitet

SEHENSWERTES

ACUARIO DE VERACRUZ
Eines der landesweit besten Aquarien mit etwa 100 Becken. *Tgl. 10–19 Uhr | Playón de Hornos | Boulevard Camacho | www.acuariodeveracruz.com*

CASTILLO DE SAN JUAN DE ULÚA
Tonnenweise wurden Gold und Silber zu Zeiten der Spanier auf die Schiffe verladen – kein Wunder, dass die Gewässer vor Veracruz Ziel von Piraten waren. Auf der lang gestreckten Koralleninsel Gallega im Hafen errichteten die Spanier deshalb eine Festung, Schauplatz zahlreicher Schlachten. Im dunkelsten Verlies saß Benito Juárez ein. *Di–So 9–17 Uhr | über einen Damm (Verlängerung der Avenida Ulúa) oder per Fähre ab Malecón | Bus ab Plaza de la República | www.sanjuande ulua.com.mx*

MUSEO DE LA CIUDAD
Die wechselvolle Geschichte der Stadt in eindrucksvollen Exponaten. *Mi–Mo 10–*

VERACRUZ

18 Uhr | Zaragoza 397 | www.amiweb.com.mx/mc

PLAZA DE ARMAS ★
Der Zócalo der Stadt, auch *Plaza de la Constitución* genannt, ist ein tropisch anmutender Platz, umgeben von Palmen und üppig blühenden Gewächsen. Unter Arkaden *(portales)* sitzt man in den Abendstunden zusammen, isst in den zahlreichen Freiluftrestaurants und Cafés, untermalt von den Klängen der Marimbaspieler. Der Platz ist umringt von mehreren historischen Gebäuden, darunter die prachtvolle Kathedrale *(La Parroquia)* von 1734.

PLAZA DE LA REPÚBLICA
Den schmalen, lang gezogenen Platz gegenüber dem Hafen säumen öffentliche Gebäude des 19. Jhs.: das Zollhaus *(Aduana Marítima)*, das Hauptpostamt *(Correo y Telégrafo)* mit einer üppig gestalteten Fassade und der kachelverzierte Bahnhof *(Estación de Ferrocarriles)*. Größtes Gebäude ist das *Registro Civil* an der Westseite.

ESSEN & TRINKEN

Freiluftrestaurants, in denen Fisch und Schalentiere am offenen Feuer gegrillt

Karibisch-weltoffen präsentiert sich Veracruz, die größte Hafenstadt Mexikos

werden, liegen am *Malecón del Paseo* und *Boulevard Ávila Camacho*.

PARDIÑOS
Gute Regionalküche, Spezialität Meeresfrüchte. Zu empfehlen sind die Krebsgerichte, gratinierte Austern und die gefüllte Ananas. *Avenida Zamora 40 | Tel. 01229 9 86 01 35 | €€€*

GRAN CAFÉ DE LA PARROQUIA
Das traditionsreichste Café in Veracruz ist ein Muss. Ob Frühstück oder Dinner, dazu gehört immer ein kunstvoll servierter

GOLF VON MEXIKO

lechero (Milchkaffee). *Gómez Farias 34/ Malecón | Tel. 01229 9 32 25 84 | www.laparroquia.com | €€*

ÜBERNACHTEN

ACUARIO
Nur zwei Blocks vom Malecón entfernt liegt dieses Hotel. Die Zimmer sind komfortabel, einige haben einen Balkon, im Innenhof gibt es einen Pool. Zum Hotel gehört auch ein Parkplatz. Im Restaurant wird regionale Küche serviert. *121 Zi. | Valencia 225/Avenida Juan de Dios Peza | Tel. 01229 9 37 44 22 | www.hotelacuario.com | €€*

COLONIAL
Das Kolonialhaus liegt direkt am Zócalo. Fragen Sie nach den Suiten mit Blick zur Plaza, von denen einige sogar einen Balkon haben! Von den Gästen ebenfalls geschätzt: die Schwimmhalle und der hoteleigene Parkplatz. *178 Zi. | Miguel Lerdo 117 | Tel. 01229 9 32 01 93 | www.hcolonial.com.mx | €*

IMPERIAL
Einst war das stilvolle Kolonialhaus im Zentrum die Herberge von Kaiser Maximilian. Es herrscht viel Betrieb, die Zimmer nach hinten sind deutlich ruhiger. *55 Zi. | Miguel Lerdo 153 | Tel. 01229 9 31 34 70 | www.hotelimperialveracruz.com | €€*

AUSKUNFT

Palacio Municipal | Zaragoza/Lerdo (Zócalo) | Tel. 01229 2 00 22 00 | www.veracruz.com.mx

ZIELE IN DER UMGEBUNG

EL TAJÍN ★ (176 C2) (*M9*)
240 km nordwestlich von Veracruz liegt diese geheimnisvolle Tempelanlage, die vermutlich zwischen 300 und 1100 ihre Blütezeit erlebte. Sie gehört zum Unesco-Welterbe. Einige der Gebäude wie die 25 m hohe Nischenpyramide *(Pirámide de los Nichos)* stammen aus dem 6. bis 7. Jh. Das siebenstöckige Bauwerk zählt 364 Nischen, zusammen mit dem Tempel auf der Spitze ergeben sich so viele, wie das Jahr Tage hat. Die Bedeutung der Nischen ist ebenso unbekannt wie die Erbauer von El Tajín. Bisher wurde rund ein Zehntel der Stätte freigelegt, darunter mehrere Ballspielplätze. *Tgl. 9–17 Uhr*

JALAPA (176 C3) (*M9*)
Auf 1400 m Höhe, inmitten üppiger Vegetation und umgeben von Kaffeeplantagen, liegt 130 km nordwestlich von Veracruz die alte Kolonialstadt Jalapa, auch Xalapa geschrieben (350 000 Ew.). Ihre wichtigste Sehenswürdigkeit ist das moderne **INSIDER TIPP** *Museo de Antropología (Di–So 9–17 Uhr | Avenida Xalapa |*

MARCO POLO HIGHLIGHTS

★ **Plaza de Armas in Veracruz**
Karibische Atmosphäre herrscht hier nicht nur zur Karnevalszeit
→ S. 112

★ **El Tajín**
Das Geheimnis der Nischenpyramide konnte bisher noch niemand lüften → S. 113

★ **CICOM in Villahermosa**
Schätze der Maya und Azteken zeigt dieses archäologische Museum → S. 115

★ **Parque Museo La Venta in Villahermosa**
Der tropische Park beherbergt die Monumentalskulpturen der Olmeken → S. 115

VILLAHERMOSA

Zeugnis der Olmekenkultur: Skulpturen von La Venta

LA ANTIGUA (177 D3) (*M9–10*)

In dem kleinen Fischerdorf 25 km nördlich, das Sie über die gut ausgebaute MEX 180 erreichen, verstecken sich unter den Luftwurzeln jahrhundertealter Bäume die Reste der *Casa de Cortés.* Was von Cortés' Wohnhaus übrig blieb, ist frei zugänglich; das schwüle, tropische Klima schafft eine lähmende Atmosphäre. Eine kleine, weiße Kapelle wird als erste Kirche der Spanier auf mexikanischem Boden ausgegeben.

VILLAHERMOSA

(178 A4) (*O10*) Tabasco ist Mexikos reichster Bundesstaat, der 1598 an den Ufern des Río Grijalva gegründete Ort Villahermosa (570 000 Ew.) seine Hauptstadt.

Landwirtschaft und vor allem die Ölindustrie schufen den Wohlstand, Sümpfe und Dschungel prägen die Landschaft. Villahermosa präsentiert sich als eine Stadt, in der moderne Straßenzüge, große Einkaufskomplexe sowie Glas- und Stahlhochbauten die Szenerie bestimmen. Fein herausgeputzt hat man die *Zona Luz,* das alte Zentrum, mit neuem Pflaster und Jugendstillaternen. Die spanischen Häuser wurden sorgfältig restauriert und in Restaurants, Cafés und Läden umgewandelt. Im Norden grenzt der Parque Juárez an.

SEHENSWERTES

CAPITÁN BEULÓ II ●

Das Schiff bietet Rundfahrten durch Villahermosa auf dem Fluss Grijalva mit „Stadtbesichtigung" vom Wasser aus an. *Olmeca Express | Sa/So nachmittags 4 Fahrten, Fahrtdauer 1 Std., 150 Pesos,*

www.uv.mx/max). Neben dem Museum in Mexiko-Stadt ist es das bedeutendste des Landes. Es zeigt Monumentalskulpturen der Olmeken ebenso wie Terrakotten und Gebrauchsgegenstände der Totonaken und Huaxteken, jener drei Kulturen, die die Golfküste prägten. Ein vorzügliches vegetarisches Restaurant in Jalapa ist das **INSIDERTIPP** *Loving Hut (Avenida Orizaba 207, 1. Stock | Tel. 01228 8435522 | €).*

GOLF VON MEXIKO

So 14.30 Uhr mit Buffet, 2 Std. 250 Pesos | Madrazo Dock | Malecón Carlos Madrazo | www.olmecaexpress.com

CICOM ⭐

Viele Wissenschaftler widmen sich im *Centro de Investigación de las Culturas Olmeca y Maya* der Erforschung der Olmeken- und Mayakulturen und schufen mit dem *Museo Regional de Antropología Carlos Pellicer Cámara* auf vier Etagen eine der angesehensten präkolumbischen Sammlungen. *Di–So 9–16.30 Uhr | Periférico Carlos Pellicer Cámara 511 (am Flussufer)*

PARQUE MUSEO LA VENTA ⭐

Bei Erdölbohrungen stießen Arbeiter 1938 im 130 km entfernten La Venta auf eine Sensation: 3000 Jahre alte Monumentalskulpturen der Olmeken, der vermutlich ältesten Hochkultur Amerikas, traten ans Tageslicht – 25 t schwere und bis zu 2,70 m hohe Häupter mit fremdartigen Gesichtszügen, aufgeworfenen Lippen und breiten Nasen. Von La Venta wurden die Kolosse nach Villahermosa gebracht. Auf einem großen Gelände schuf der landesweit angesehene Literat Carlos Pellicer Cámara ein Freilichtmuseum von Weltrang. 33 der Skulpturen wurden in einer Art tropischem Naturpark aufgestellt. Ein Zoo zeigt die Tiere des Dschungels, dazu eine große Vogelvoliere. *Tgl. 8–16 Uhr | Avenida A. Ruíz Cortines*

ESSEN & TRINKEN

In der *Zona Luz* finden Sie viele Restaurants. Probieren Sie *pejelagarto* (Süßwasserfisch in diversen Zubereitungen)!

LOS TULIPANES

Nach dem Museumsbesuch lockt im CICOM-Complex mit Blick auf den Fluss regionale Küche aus Tabasco. Einheimische schätzen das Restaurant wegen der ausgezeichneten Fischgerichte und Meeresfrüchtespezialitäten. *Periférico Carlos Pellicer Cámara 511 | Tel. 01993 3 14 54 69 | €€*

ÜBERNACHTEN

CAMINO REAL

Ein neueres Haus im modernen Stadtteil Tabasco 2000, von Grün umgeben. *197 Zi. | Prolongación Paseo Tabasco 1407 | Tel. 01993 3 10 02 01 | www.crvillahermosa.com.mx | €€€*

PLAZA INDEPENDENCIA

Komfortabel und zentral – mit kleinem Swimmingpool im Patio sowie eigenem Parkplatz. *89 Zi. | Independencia 123 | Tel. 01993 3 12 12 99 | www.hotelesplaza.com.mx | €*

AUSKUNFT

Retorno Vía 5 Nr. 104 | Tel. 01993 3 52 36 02 | www.visitetabasco.com

LOW BUDG€T

Im *Hostal de Sureste (27 Zi. | Hermanos Bastar Zozaya 626 | Tel. 01993 3 12 57 32)* in Villahermosa sind die Zimmer zwar klein und einfach, dafür aber sauber und sehr preiswert. Alle mit eigenem Bad und funktionierender Aircondition.

Tägliches Gratiskonzert in Veracruz: Auf der *Plaza de Armas* spielen allabendlich Straßenmusiker. Ihnen können Sie nicht nur in den Lokalen unter den Arkaden lauschen, sondern auch auf einer der zahlreichen Parkbänke.

YUCATÁN

Als große, flache Scheibe liegt die yucatekische Halbinsel zwischen dem Golf von Mexiko und der Karibischen See. Die meisten Urlauber reisen an die der Karibik zugewandte Ostküste; hier erwartet sie eine hervorragend erschlossene Ferienwelt.

Kilometerlange, schneeweiße Strände säumen ein türkis- bis smaragdfarbenes Meer mit einer Temperatur von 25 Grad und mehr.

Unterwassersportler entdecken im Meer ein einzigartiges Revier mit Scharen tropischer Fische und Meeresschildkröten. Vor der Südwestküste Cozumels liegt das Palancarriff mit herrlichen Korallengärten, Höhlen und Steilwänden, das Taucher aus aller Welt anzieht. Und das Schönste: Nur einen Katzensprung von den Urlaubszentren entfernt befinden sich auf der yucatekischen Halbinsel einige der größten, am besten erhaltenen und interessantesten Pyramidenstätten Mexikos, die sich bequem in einem Tagesausflug besuchen lassen. Ausführliche Informationen finden Sie im MARCO POLO „Yucatán".

CAMPECHE

(178 C2) (*Q9*) **Die Hauptstadt (250 000 Ew.) des gleichnamigen Bundesstaats ist die älteste spanische Stadt auf der Halbinsel.**
Bereits zu Kolonialzeiten wurde der Hafen mit gewaltigen Bastionen *(baluartes)* und Mauern vor Piratenangriffen ge-

Bild: Playa Ballenas bei Cancún

Pyramiden und Palmen: Auf der karibischen Halbinsel liegen endlose Strände und imposante Mayabauten dicht beieinander

schützt. Campeche ist von Mérida aus über die gut ausgebaute Schnellstraße MEX 180 in ungefähr zwei Stunden zu erreichen.

SEHENSWERTES
BALUARTES (FESTUNGSANLAGEN)
Auf Resten der alten Wehrmauer, die auf 2,5 km die Altstadt umgab und durch Bastionen unterbrochen wurde, können Sie noch heute entlangspazieren. Die historischen Bauwerke können ebenfalls besichtigt werden. Die Umgebung des *Baluarte de Santiago (Calle 8 nördl. des Zentrums)*, der teilweise zerstört ist, wurde zum *Botanischen Garten Xmuch Haltún*.

CENTRO CULTURAL CASA 6
Der koloniale Reichtum der Stadt spiegelt sich im heutigen Kulturzentrum mit Café, einem spanischen Herrenhaus, das meisterhaft restauriert wurde. Die maurische Fassade besteht aus handgefertigten Fliesen. Ausstellungen, Kunst und

CAMPECHE

So viel Zeit muss sein: Schwätzchen im Café unter den Arkaden in Campeche

Folklore. *Tgl. 9–21 Uhr | Calle 57 Nr. 6 (Südseite der Plaza Principal)*

MANSIÓN CARVAJAL

Eines der kolonialen Prachthäuser der Stadt empfängt Besucher mit einer überwältigenden Fassade, maurischen Bögen und viel Schmiedeeisen. *Calle 10 Nr. 14 (zwischen Calles 51 und 53)*

TUKULNÁ

Das Innere des prächtigen Stadtpalasts beeindruckt mit hohen Balkendecken und reich dekorierten Räumen, in denen sich heute Läden für Kunsthandwerk aus dem Staat Campeche befinden. *Calle 10 Nr. 333 (zwischen Calles 59 und 61)*

ESSEN & TRINKEN

INSIDER TIPP CENADURÍA LOS PORTALES

Genießen Sie einfache regionale Gerichte unter den Arkaden eines hübschen Platzes und in Gesellschaft vieler Einheimischer. *Calle 10 Nr. 86/Plazuela San Francisco | Tel. 01981 8 11 14 91 | €*

EL RINCÓN TARASCO

Hier entdecken Sie die Vielfalt mexikanischer Tacos. Außerdem regionale Fleischspezialitäten und Klassiker der internationalen Küche. *Calle 12 Nr. 112 (zwischen Calles 51 und 53) | Tel. 01981 8 16 75 32 | €€*

EINKAUFEN

Im Baluarte San Pedro wurde ein Kunsthandwerkszentrum eingerichtet. Es gibt eine große Auswahl an geflochtenen Panamahüten. *Calle 49*

ÜBERNACHTEN

INSIDER TIPP CASA BALCHÉ

50 m von der Kathedrale: fünf Schlafsäle mit sechs Betten in einem historischen Gebäude, so schön und schlicht restauriert und designt wie aus einem Interiormagazin. Bruchsteinwände und offene Balkendecken, Steinfliesen im Schachbrettmuster, Sessel in leuchtenden Farben. *Calle 57 Nr. 6 | Tel. 01981 8 11 00 87 | www.casabalche.com | €*

BALUARTES

Nur die Uferstraße trennt dieses moderne, komfortable Haus vom Meer. *100 Zi. | Avenida 16 de Septiembre 128 | Tel. 01981 8 16 39 11 | www.baluartes.com.mx | €€*

MISIÓN CAMPECHE AMÉRICA

Das stilvolle Haus ist komplett renoviert worden und bietet komfortables koloni-

YUCATÁN

ales Ambiente. *56 Zi. | Calle 10 Nr. 252 | Tel. 01981 8 16 45 88 | www.hotelesmision.com | €€*

AUSKUNFT

Plaza Moch Couoh/Avenida Ruiz Cortines | Tel. 01981 1 27 35 20 | www.campeche.gob.mx, www.campeche.travel

CANCÚN

(179 F1) (*S8*) **Wer saubere, weiße Sandstrände, Feinschmeckerrestaurants und ein breites Sportangebot schätzt, der ist richtig in Cancún (1 Mio. Ew.).**

An einer 25 km langen, L-förmigen Sandbank zwischen Karibischem Meer und der mehr als 100 km² großen Lagune Nichupté liegen zahllose komfortable Hotels. Die neuen Fußgängerzonen im Zentrum bieten über 100 Geschäfte und Boutiquen, dazu Restaurants und Diskotheken. Wem Strand und Shopping nicht genügen, der besucht präkolumbische Stätten, koloniale Städtchen und Naturparks. Organisierte Bustouren nach Chichén Itzá und Tulum werden in allen Hotels angeboten.

SEHENSWERTES

ACUARIO INTERACTIVO
In dem aufwendig gestalteten Aquarium gibt es für Besucher zahlreiche Attraktionen auf mehreren Ebenen zu entdecken. *Tgl. 10.30–18.30 Uhr | Eintritt 13 US-$ | Paseo Kukulcán km 12,5 | www.aquariumcancun.com.mx*

EMBARCADERO OBSERVATION TOWER (TORRE ESCÉNICA)
Die sich drehende Aussichtsplattform fährt 80 m hoch und bietet einen umfassenden Blick über den Strand und das Meer bis hinüber zur Isla Mujeres. *Tgl. 9–21 Uhr | Paseo Kukulcán km 4*

MUSEO MAYA DE CANCÚN
Das erst wenige Jahre alte Museum ist den Maya und deren Kultur gewidmet

---

MARCO POLO HIGHLIGHTS

★ **Isla Mujeres**
Die Insel nördlich von Cancún bietet nicht nur karibisches Flair und viel junge Atmosphäre. Sie ist auch ein Paradies für Taucher und Schnorchler
→ S. 123

★ **Mérida**
In der alten Kolonialstadt gibt es viele Sehenswürdigkeiten zu entdecken
→ S. 124

★ **Chichén Itzá**
Besuchen Sie den Ort, an dem die Tolteken die Maya trafen – und sehen Sie, was bei der Verbindung herauskam → S. 126

★ **Uxmal**
Der Tempel im Tempel: Die Pyramide des Zauberers enthält fünf Kultstätten → S. 127

★ **Riviera Maya**
Hier kommen Sie so richtig in Urlaubsstimmung: Die Karibikküste zwischen Playa del Carmen und Tulum lockt mit Stränden, schönen Unterkünften und Freizeitangeboten → S. 127

★ **Cobá**
Durch den Dschungel geht es auf die höchste Pyramide der Halbinsel → S. 129

CANCÚN

und deshalb ein Muss in dieser an Kultur armen Stadt. *Di–So 9–19 Uhr | Zona Arqueológica de San Miguelito | Paseo Kukulcán km 16,5*

RUINAS EL REY
Zu der archäologischen Stätte gehören 47 Gebäude, die aus der nachklassischen Epoche (1200–1500) stammen. Die Anlage wurde gut restauriert und die Fundstücke sind im zugehörigen Museum ausgestellt. In der Anlage entdecken Sie viele Leguane und tropische Vögel. *Tgl. 8–17 Uhr | Paseo Kukulcán km 19*

ESSEN & TRINKEN

100 % NATURAL
Das Restaurant ist eine echte Alternative: Es gibt Gemüse, Obst und frisch gepresste Säfte. Sogar Musikfreunde kommen hier auf ihre Kosten, denn allabendlich wird Jazz gespielt. *Sunyaxchén 62 | Tel. 01998 8 84 01 02 | www.100natural.com.mx | €*

LOW BUDG€T

Bei Ankunft am Flughafen von Cancún lässt sich gut das Taxi sparen: ADO-Busse fahren für 50 Pesos zum Busbahnhof (dort haben Sie Anschluss u. a. nach Uxmal und Tulum) und für 120 Pesos direkt nach Playa del Carmen.

Gratismusik in Mérida? Da haben Sie die Wahl: ● *Serenata Yucateca (Do 21 Uhr | Parque Santa Lucía | Calle 60/Calle 55)* – yucatekische Musik und Poesie; *Noche Mexicana (Sa 20 Uhr | Paseo de Montejo/Calle 47)* – Folklore, *Mariachi-* und Marimbamusik.

LA HABICHUELA
Seit 30 Jahren sind die karibischen und yucatekischen Spezialitäten ein Genuss. Gespeist wird im kühlen Innenraum oder – abends – bei Kerzenlicht im romantischen Patio. *Margaritas 25 (am Parque Las Palapas) | Tel. 01998 8 84 31 58 | www.lahabichuela.com | €€€*

EINKAUFEN

Das supermoderne Einkaufszentrum *La Isla* am Paseo Kukulcán km 12,5 in der Hotelzone lässt kaum einen Wunsch offen.

AM ABEND

COCO BONGO
Die Diskothek bietet auf mehreren Ebenen Platz für insgesamt 1800 Besucher. Gespielt werden Rock und Pop der Siebziger- und Achtzigerjahre sowie Hip-Hop, Rave und Salsa. Typisch Mexiko: Täglich unterhalten Shows mit Akrobaten, Livemusik und Videos die Gäste. *Tgl. ab 22 Uhr | Plaza Forum by the Sea (Boulevard Kukulcán km 9,5) | www.cocobongo.com.mx*

ÜBERNACHTEN

Die Hotelpreise liegen deutlich über dem Landesdurchschnitt. Die fast nur von Pauschalurlaubern besuchten Komforthotels befinden sich am Strand, preiswertere Unterkünfte gibt es in der Innenstadt.

INSIDER TIPP HOSTEL MUNDO MAYA
Neben Schlafsälen – mixed und getrennt – gibt es auch Doppelzimmer. Das Richtige für Individualreisende und junge Paare, die sich über Kontakte zu Reisenden aus aller Welt freuen. *14 Zi. | Avenida Yaxchilán 82 | Tel. 01998 2 52 56 51 | www.activeb.es/maya | €*

YUCATÁN

Ansprechendes Lichterspiel: Cancún kann sich zu jeder Tageszeit sehen lassen

INSIDER TIPP ▶ **EL REY DEL CARIBE**
Gepflegtes Innenstadthotel mit Swimmingpool, Spa und Tropengarten, die Zimmer (mit Küchenzeile) liegen zum Patio. Das Haus nutzt Sonnenenergie und Regenwasser, Müll wird getrennt und recycelt. *25 Zi. | Avenida Uxmal 24/ Nader | Tel. 01998 8 84 20 28 | www.rey caribe.com | €*

AUSKUNFT
Boulevard Kukulcán km 9 (Hotelzone) | Tel. 01998 8 81 27 45 | www.cancun.info

COZUMEL

(179 F2) (*S8–9*) **Der Unterwasserfilmer Jacques-Yves Cousteau begründete den weltweiten Ruf der kleinen Karibikinsel (45 × 15 km) als Taucherparadies.** Heute kommt über die Hälfte der Besucher hierher, um zu tauchen. Die meisten zieht es an das Palancarriff, aber auch die Unterwasserhöhlen vor der Chankanaablagune sind für ihre tropische Tier- und Pflanzenwelt bekannt. Regelmäßig wird die Insel (85 000 Ew.) von Kreuzfahrtschiffen angelaufen. Da Cozumel zollfreie Zone ist, trifft man in den Geschäften Menschen aus aller Welt. Die Verbindung zum Festland ist dank zweier Fluglinien sowie mehrerer Fährschiffe ab Playa del Carmen ausgezeichnet. Verkehrsknotenpunkt ist die Inselhauptstadt San Miguel de Cozumel an der Westküste.

SEHENSWERTES
LAGUNA CHANKANAAB
Um die Lagune herum wurde ein Naturpark angelegt. Im glasklaren Wasser lassen sich tropische Fische in allen Farben

COZUMEL

ausmachen. *Tgl. 8–16 Uhr | Eintritt 21 US-$ | 9 km südl. von San Miguel*

MUSEO DE LA ISLA DE COZUMEL

Das in unmittelbarer Nähe der Schiffsanlegestelle von San Miguel in den 1980er-Jahren eingerichtete Museum zeigt Tauchfunde und Exponate zur Kultur der Maya. Ein beliebtes Restaurant (€) mit Plätzen im Freien befindet sich im 1. Stock auf der Dachterrasse des Gebäudes. *Tgl. 10–18 Uhr | Avenida Rafael Melgar/Calle 6 Norte*

ESSEN & TRINKEN

CASA DENIS

Seit mehreren Jahrzehnten bereitet die Familie Angulo köstliche karibisch-mexikanische Spezialitäten für die Gäste zu. Die wackligen weißen Plastikstühle haben selbst Plácido Domingo nicht den Appetit verdorben. *Calle 1 Sur 132 (zwischen 5a u. 10a Avenida) | Tel. 01987 8 72 20 67 | www.casadenis.com | €€*

PEPE'S GRILL COZUMEL

Das „Steak and Seafood House" begeistert seit fast 50 Jahren seine Gäste mit Fisch und Meeresfrüchten. Da es an einer lauten Ecke am Meer liegt, suchen Sie sich am besten einen Platz im 1. Stock. *Avenida Rafael Melgar Sur/Adolfo Rosado Salas | Tel. 01987 8 72 02 13 | www.pepesgrillcozumel.com | €€*

INSIDER TIPP LA PERLITA

Das palmblattgedeckte, offene Fischrestaurant gilt seit den 1980er-Jahren als hervorragend. *Catch of the Day* und selbst angebautes Gemüse und Salat, dazu große frische Säfte und starke Cocktails: Hier schmeckt es Einheimischen wie Besuchern. *Calle 10 Norte 499 | Tel. 01987 8 69 83 43 | www.laperlitacozumel.com | €€*

STRÄNDE

Von den vielen teilweise menschenleeren Stränden sind die beliebtesten

Die Strände von Cozumel sind mindestens genauso schön wie die Unterwasserwelt vor der Insel

YUCATÁN

San Francisco (etwa 17 km südlich von San Miguel) und San Juan (2 km nördlich). Puristen bevorzugen den einsamen Palancarstrand (ca. 19 km südlich), der nur über einen Feldweg zu erreichen ist.

ÜBERNACHTEN

Die teuren Hotels liegen alle an der Westküste, meist unmittelbar am Meer. In San Miguel gibt es billigere Pensionen, allerdings liegen auch hier die Preise über dem Landesdurchschnitt.

FLAMINGO
Zentrale, dennoch ruhige Zimmer im Zentrum, schöner Blick von der Dachterrasse, dem allabendlichen Treffpunkt der Gäste auf einen Sundowner. Tauchertreff für Budgetreisende. *21 Zi. | Calle 6 Norte 81 | Tel. 01987 8 72 12 64 | www.hotelflamingo.com | €*

AUSKUNFT

Plaza del Sol Shopping Complex, 1. Stock | Plaza Principal | Tel. 01987 8 72 75 85 | www.islacozumel.com.mx

ISLA MUJERES

(179 F1) (S8) ⭐ **11 km vor der Karibikküste, nördlich von Cancún, liegt die 8 km lange und bis zu 1500 m breite „Insel der Frauen".**

Attraktion sind die vorzüglichen Schnorchel- und Tauchgründe. Die karibisch geprägte Isla Mujeres (15 000 Ew.) ist nicht nur ruhiger, sondern auch um einiges billiger als Cozumel und zieht deshalb ein junges Publikum an. Zwar besitzt die Insel einen kleinen Flughafen, doch der überwiegende Teil der Besucher kommt mit der Fähre über Punta Sam oder Puerto Juárez.

SEHENSWERTES

EL GARRAFÓN
Der beliebte Meeresnationalpark im Südwesten der Insel mit Fischen und anderen Meerestieren in schillernden Farben ist ein Paradies für Schnorchler (Verleih von Taucherbrillen und Flossen). Es gibt Restaurant und Snackbar. Wer nur am Schnorcheln interessiert ist, kommt am nebenan liegenden Strand **INSIDER TIPP** *Garrafón del Castillo* mit 45 Pesos Eintritt erheblich günstiger weg. *Tgl. 9–17 Uhr | Eintritt ab 89 US-$ | Carretera Garrafón km 6/Punta Sur | www.garrafon.com*

PLAYA Y PARQUE ECOTURÍSTICO PUNTA SUR
An der Südspitze der Insel steht ein Leuchtturm, daneben liegen ein Souvenirladen und ein Eiscafé. Ein Restaurant im karibischen Holzhausstil mit phantastischem Blick über die Küste serviert mexikanische Gerichte. Der *Park (tgl. 8–19 Uhr | Eintritt 14 US-$)* mit modernen Skulpturen erstreckt sich am Ufer.

ESSEN & TRINKEN

LA CAZUELA M & J
Beliebt bei Reisenden ist das Restaurant mit einer großen Auswahl mexikanischer Gerichte. *Avenida Guerrero 4/Abasolo | Tel. 01998 8 77 01 01 | www.lacazuelamj.com | €*

STRÄNDE

An der Ostküste ist das Meer sehr rau, Schwimmen ist dort nicht ungefährlich. An der Westküste liegen viele Strände, die See ist meist ruhig, das Wasser oft flach, der Strand eben. Dazwischen be-

MÉRIDA

findet sich im Norden und an der Nordwestküste die Playa Norte, der schönste Strand der Insel, auch für Familien. Er zieht sich nach Süden an der Stadt entlang bis zum Fähranleger.

ÜBERNACHTEN

FRANCIS ARLENE
Das Hotel im Kolonialstil liegt im Zentrum, ist aber dennoch ruhig. Es besitzt einen Patio, alle Zimmer haben Balkon oder Terrasse. *24 Zi. | Avenida Guerrero 7 | Tel. 01998 8 77 03 10 | www.francisarlene. com | €*

POSADA DEL MAR
Mittelklassehotel in lässig-karibischem Ambiente gegenüber dem Strand mit eigenem Beachclub mit Liegstühlen unter Palmen und netten Balkonzimmern. Beliebtes Restaurant. *61 Zi. | Avenida Rueda Medina 15a | Tel. 01998 8 77 00 44 | www. posadadelmar.com | €€*

AUSKUNFT

Avenida Rueda Medina 130 (gegenüber vom Pier) | Tel. 01998 8 77 07 67 | www. isla-mujeres.net

MÉRIDA

(179 D1) (*Q8*) ★ **Die einstige Kolonialstadt (1,3 Mio. Ew.) begeistert mit der Schönheit ihrer alten Häuser.**
Die Jugend trifft sich auf den zahlreichen Plätzen oder bummelt auf dem Paseo de Montejo, einem prächtigen Boulevard, an dem stilvolle Herrenhäuser liegen. Straßenverkäufer, Freiluftrestaurants und Salsarhythmen auf der Calle 60: Ab Samstagabend wird auf den Straßen der Innenstadt gefeiert, wenn diese für den Verkehr gesperrt wird.

SEHENSWERTES

CASA DE MONTEJO
Für einige ist die 1549 erbaute Residenz, heute eine Bank, das schönste koloniale Gebäude Mexikos. Beachten Sie die platereske Fassade mit dem Wappen der Montejos und die sonnigen Innenhöfe. *Di–Sa 10–19, So 10–14 Uhr | Calle 63 (Südseite des Zócalo)*

CATEDRAL SAN ILDEFONSO
Die Barockkirche wurde ab 1561 aus den Steinen einer zuvor an dieser Stelle befindlichen Mayapyramide erbaut und ist damit eine der ältesten Mexikos. Interessant ist die Holzskulptur „Cristo de las Ampollas" (Christus der Brandblasen) in der Kapelle. *Tgl. 7–21 Uhr | Ostseite des Zócalo*

MUSEO DE ANTROPOLOGÍA
Das Museum beherbergt Exponate zur Kultur der Maya und anderer präkolumbischer Völker. Wertvoll sind vor allem die Opfergaben, die aus der heiligen *cenote* (einer mit Wasser gefüllten Kalksteindoline) in Chichén Itzá geborgen wurden. *Di–So 8–17 Uhr | Palacio Cantón (Paseo Montejo/Calle 43)*

INSIDER TIPP MUSEO DE ARTE POPULAR
Das kleine Volkskunstmuseum bietet einen umfassenden Einblick in yucatekische Trachten und Kunstgewerbe. Wer an den typischen Produkten Méridas interessiert ist, kann sich hier über die Herstellungstechniken informieren. *Di–Sa 9–20, So 9–14 Uhr | Casa Molina, Parque Mejorada (Calle 57 Nr. 487/Calle 50)*

PALACIO DE GOBIERNO
Im Festsaal des Regierungspalasts befinden sich mehrere großartige Malereien von Fernando Castro Pacheco. Auf dem

YUCATÁN

Balkon treffen sich oft die Fotografen, um von hier aus einen Schnappschuss von Kathedrale und Zócalo zu ergattern. *Tgl. 8–19 Uhr | Nordseite des Zócalo*

STADTRUNDFAHRT

Ein Panorama-*Turibús* bringt Sie einmal stündlich auf einem eindreiviertelstündigen Rundkurs zu den kulturellen, historischen und architektonischen Sehenswürdigkeiten der Stadt. *Tgl. 9–21 Uhr | Ein- und Ausstieg an 7 Haltepunkten | Tageskarte 120 Pesos*

ESSEN & TRINKEN

In Méridas Restaurants serviert man yucatekische Spezialitäten mit karibischem Einschlag.

LOS ALMENDROS

Hier können Sie yucatekische Spezialitäten entdecken, z. B. *cochinita pibil*, Schweinefleisch in Bananenblättern und pikant gewürzt. *Calle 50a Nr. 493/Plaza de la Mejorada | Tel. 01999 9 23 81 35 | www.restaurantelosalmendros.com.mx | €€*

AMARO

Das Trendrestaurant befindet sich im Patio des Hauses, in dem 1787 Andrés Quintana Roo geboren wurde, eine der führenden Figuren im Kampf für die mexikanische Unabhängigkeit. Die Küche ist spezialisiert auf Vegetarisches wie *chaya*, ein spinatähnliches Gemüse. *Calle 59 Nr. 507 (zwischen Calles 60 und 62) | Tel. 01999 9 28 24 51 | www.restauranteamaro.com | €€*

EL PÓRTICO DEL PEREGRINO

Zauberhaftes koloniales Stadthaus, perfekt restauriert und in ein Restaurant umgewandelt. Serviert werden beste mexikanische Gerichte, aber auch Pasta.

Die Türme der Kathedrale: markanter Blickfang über der belebten Plaza Mayor von Mérida

MÉRIDA

Calle 57 Nr. 501 (zwischen Calles 60 und 62) | Tel. 01999 9 28 61 63 | www.cafeteriapop.com | €€€

EINKAUFEN

EL AGUACATE

Sind Sie auf der Suche nach einem originellen Andenken? Hier gibt es eine große Auswahl an farbenprächtigen Hängematten. Wenn Sie sich lange genug in Mérida aufhalten, können Sie sich eine nach eigenen Entwürfen bestellen. *Calle 58 Nr. 604/Calle 73 | www.hamacaselaguacate.com.mx*

ÜBERNACHTEN

CARIBE

Der ehemalige Konvent im Zentrum überzeugt mit grünem Patio und Pool auf dem Dach. Im Restaurant wird mexikanische Küche serviert. *53 Zi. | Calle 59 Nr. 500 (Parque Hidalgo) | Tel. 01999 9 24 90 22 | www.hotelcaribe.com.mx | €€*

INSIDER TIPP ▶ HACIENDA SANTA ROSA

Zwischen Mérida und Uxmal liegt das Hotel mit riesigen Räumen und hohen Decken in einer historischen Hacienda aus dem 19. Jh. Die Zimmer sind im Kolonialstil möbliert und verfügen jeweils über einen kleinen Privatgarten mit Terrasse und Minipool. Ein großer Swimmingpool lädt zum Schwimmen ein. *11 Zi. | Santa Rosa bei Maxcanú | Carretera Mérida–Campeche km 129 | Tel. 01999 9 23 19 23 | www.haciendasantarosa.com | €€€*

AUSKUNFT

Peón-Contreras-Theater | Calle 60/Calle 57 | Tel. 01999 9 24 92 90 | www.merida.gob.mx, www.yucatan.gob.mx

ZIELE IN DER UMGEBUNG

CHICHÉN ITZÁ ★ (179 D1) (*R8*)

Die ungefähr ab 400 n. Chr. von den Maya bewohnte Stätte wurde um 1000 vom Volk der Itzá eingenommen. Unter ihrem toltekischen König Quetzalcóatl („Gefiederte Schlange", in der Mayasprache „Kukulcán") kam es zur Verschmelzung von Maya- und Toltekenarchitektur.

Zu den archäologischen Schätzen Chichén Itzás, das in eine Süd- und eine Nordgruppe unterteilt wird, gehört die Pyramide des Kukulcán *(El Castillo, nicht zu besteigen)*. Über einen Gang an ihrer Nordseite erreichen Sie einen im Bauch des Gebäudes befindlichen, überbauten Tempel. In zwei Räumen warten die Opferfigur eines Chac Mool sowie ein Jaguarthron auf Besucher. Die insgesamt 365 Stufen der 30 m hohen *Pyramide* beziehen sich auf die Anzahl der Tage eines Jahrs. Achten Sie auf die Einfassungen am Fußende der Treppen, nämlich Schlangenköpfe mit geöffnetem Rachen. Zweimal im Jahr (am 21. März und 23. September) erweckt der Schattenwurf der Sonne den Eindruck, als ob sich die Reptilien langsam vom Tempel herabwinden, ein unglaubliches Schauspiel, das Tausende Menschen anzieht.

In der Nähe des Castillo stoßen Sie auf den Ballspielplatz *(Juego de Pelota)*, mit 91 × 36 m nicht nur der größte des Landes, sondern auch der am besten erhaltene. Quer über den großen Platz gelangen Sie zum Tempel der Krieger *(Templo de los Guerreros)*, einem von den Itzá überbauten und erweiterten Mayagebäude. Auf einer 12 m hohen Pyramide stehen fein verzierte Säulen, die ursprünglich ein Dach trugen. Das Portal des Mayatempels besteht aus zwei gewaltigen Schlangensäulen. Vor dem Eingang liegt eine Chac-Mool-Figur.

YUCATÁN

Interessantestes Gebäude der Südgruppe ist die Sternwarte, die auch als Schneckenhaus *(El Caracol)* bekannt ist. Eine schmale Wendeltreppe führt ins Obergeschoss eines Turms. Das Observatorium wurde vermutlich als astronomisches Messgebäude benutzt, um aus der Einstrahlung des Sonnenlichts Regelmäßigkeiten des Jahresablaufs entnehmen zu können. *Tgl. 8–17 Uhr, im Winter Ton-und-Licht-Schau um 19, im Sommer um 20 Uhr | www.chichenitza.com*
Eine empfehlenswerte Unterkunft finden Sie im *Hotel Mayaland (115 Zi. | Carretera Vieja km 121 | Tel. 01985 8 51 01 05 | www.mayaland.com | €€–€€€)* am Südeingang.

UXMAL ★ (178–179 C–D2) (*Q9*)
Die Tempel von Uxmal (80 km südlich von Mérida) gehören zu den großen Höhepunkten der späten Mayaklassik. Die Pyramide des Wahrsagers, auch Pyramide des Zauberers *(Templo del Adivino bzw. Enano)* genannt, 38 m hoch und mit ovalem Grundriss, besteht aus fünf Gebäudekörpern, die innerhalb von drei Jahrhunderten entstanden, da die Pyra-

Chichén Itzá: 365 Stufen führen auf die El Castillo genannte Pyramide des Kukulcán

mide mit ihrem Tempel alle 52 Jahre überbaut wurde. *Tgl. 8–17 Uhr*

PLAYA DEL CARMEN

(179 E–F1) (*S8*) Von Cancún zieht sich die MEX 307 parallel zum Meer nach Süden, die Ferienanlagen, Fischerorte, Buchten *(caletas)* und Strände *(playas)* an der Karibikküste sind auf kurzen Stichstraßen zu erreichen.
Der etwa 140 km lange Abschnitt bis Tulum wird ★ Riviera Maya genannt. Die Region boomt seit einigen Jahren. Malerische Urlaubsanlagen am Strand und einfache *cabañas* haben sich ebenso etabliert wie luxuriöse Bungalows, Na-

PLAYA DEL CARMEN

turparks, Wassersportanlagen und Freizeitparks.

Der rasant anwachsende Badeort *Playa del Carmen* (210 000 Ew.) war lange ein bevorzugtes Urlaubsziel von Individual- und Rucksackreisenden. Mit der Eröffnung mehrerer Luxushotels, All-inclusive-Resorts und eines Golfplatzes wurde Playa del Carmen inzwischen auch zum Ziel von Pauschalurlaubern.

Entlang der schneeweißen Strände ziehen sich Restaurants, Cafés und Hotels. In der landeinwärts parallel dazu verlaufenden Geschäftsstraße, Playas „Fifth Avenue" *(5a Avenida),* trifft man sich zum späten Frühstück und prüft das Angebot der diversen Läden. In der Nordstadt entstanden eine Reihe kleinerer Hotels, die zum Teil von Europäern betrieben werden.

ESSEN & TRINKEN

Flanier- und Einkehrmeile ist die „Fifth Avenue" in Playa del Carmen. Darüber hinaus liegen zahlreiche offene Restaurants direkt am Strand.

STRÄNDE

Der Strand von Playa del Carmen erstreckt sich kilometerweit nach Norden und Süden. Im Bereich der Stadt liegen diverse Beach Clubs, sowohl von den Hotels betriebene als auch öffentliche *(Eintritt 50–100 Pesos).* Dieser Strandabschnitt, der vom Fähranleger etwa 2 km nach Norden reicht, wurde wiederholt mit feinem, weißem Sand aufgeschüttet, ist belebt und besitzt viel Infrastruktur.

ÜBERNACHTEN

BLUE DIAMOND

Wer vom lauten Playa del Carmen gesättigt ist, genießt dieses 11 km nördlich gelegene Haus als Inbegriff von Luxus, Understatement und karibischer Strandatmosphäre. Die großen Zimmer liegen inmitten eines üppigen Dschungels und sind in puristischem Stil eingerichtet. Ein privates Spa, ein herrlicher Poolbereich in erhöhter Strandlage und ein Frühstücksplatz mit Traumblick auf die Karibik gehören zu den Annehmlichkeiten. *116 Zi. | MEX 307 km 299 | Tel. 01984 2 06 41 10 | www.bluediamond-rivieramaya.com | €€€*

Nur für Schwindelfreie: 128 Stufen führen auf die Pyramide in Cobá

YUCATÁN

INSIDER TIPP **DESEO**
Klein und hip: Designhotel mit hauseigenem DJ, der angesagte Sounds zum Relaxen im Patio oder am Pool auflegt und in die Zimmer einspielt. *15 Zi. | 5a Avenida/Calle 12 | Tel. 01984 8 79 36 20 | www.hoteldeseo.com | €€€*

INSIDER TIPP **JUNGLA CARIBE**
An der „Fifth Avenue", unweit des Strands, bietet das Mittelklassehaus einen zauberhaft grünen Innenhof mit Pool. Das Hotel wurde von seinen deutschen Besitzern aufwendig und geschmackvoll eingerichtet. Mehrere komfortable und preiswerte Apartments in der Nähe stehen ebenfalls für Gäste zur Verfügung. *24 Zi. | 5a Avenida/Calle 8 | Tel. 01984 8 73 06 50 | www.jungla-caribe.com | €€*

AUSKUNFT

Die Stadt betreibt mehrere Informationskioske entlang der 5a Avenida und an der Fähre von bzw. nach Cozumel. *www.playadelcarmen.com, www.rivieramaya.com*

ZIELE IN DER UMGEBUNG

COBÁ ★ (179 E2) (*R8*)
Gut 100 km westlich via Tulum liegen in dichtem Urwald zwischen fünf Dolinenseen die wenig erforschten Ruinen von Cobá. Erbaut wurde die Zeremonialstätte während der klassischen Mayaperiode von 600 bis 900. Rund 40 000 Menschen sollen hier gelebt haben. Fünf Gebäudegruppen können besichtigt werden. Zunächst passieren Sie die zwischen zwei Seen ruhende Gruppe Cobá. Sie wird beherrscht von der 24 m hohen Pyramide *La Iglesia*. Fast doppelt so hoch ist die zur 2 km nordöstlich gelegenen Gruppe Nohoch Mul gehörende Pyramide *El Castillo*. 128 Stufen führen zur Spitze. Das Erklimmen lohnt sich nicht nur wegen des Rundblicks, sondern auch wegen des Tempels auf der Plattform. Wer an unrestaurierten, von Kletterpflanzen bewachsenen Ruinen interessiert ist, besucht die drei weiteren Gruppen *Las Pinturas, Macanxoc* und *Chumuc Mul*. *Tgl. 8–18 Uhr*

TULUM (179 E2) (*S9*)
In bezaubernder Lage 60 km südwestlich auf einer Kalksteinklippe 12 m über der Karibik thront die archäologische Stätte Tulum. Mexikos einzige Mayaanlage am Meer ist architektonisch weniger bedeutsam, beeindruckt jedoch wegen ihrer schönen Lage. Sie stammt aus der postklassischen Epoche und wurde erst um 1000 oder später erbaut, vermutlich als Handelshafen an der Ostküste. Zur Landseite ist die Anlage mit einer mächtigen Mauer umgeben, ein Verteidigungswall, zu dem einst noch ein Wehrgang gehörte. Als religiöses Zentrum der Maya war Tulum noch bei der Ankunft der Spanier bewohnt. Das schönste Gebäude, das von Ansichtskarten jedem Mexikobesucher bekannte *El Castillo*, erklimmen Sie über eine breite Treppe. Ein herrlicher Rundblick über die Stätte, die Küste und den Strand belohnt Sie für die Anstrengung. *Tgl. 8–17 Uhr*

Tulum hat sich in den letzten Jahren zu einem Zentrum des gehobenen Ökotourismus entwickelt. Eines der schönsten Hotels ist das *Zahra (22 Zi. | Carretera a Boca Paila | Tel. 01800 6 81 95 37 | www.zahra.com.mx | €€–€€€)* 4 km südlich der archäologischen Stätte. Am weißen Karibikstrand stehen im Ethnostil designte und mit Palmblättern gedeckte *cabañas*. Zum Hotel gehört das nahe gelegene *Maya-Spa (www.maya-spa.com)*, das kostenlose morgendliche Yogastunden, Massagen und Body Scrubs anbietet und auch ein *temazcal,* eine indianische Schwitzhütte, besitzt.

ERLEBNISTOUREN

1 MEXIKO PERFEKT IM ÜBERBLICK

START: ① Chihuahua
ZIEL: ⑳ Cozumel

25 Tage
reine Fahrzeit
1 Woche

Strecke: ➡ knapp 6000 km

KOSTEN: ca. 2500 Euro/Person (Unterkunft, Essen, Eintritte, Zugfahrt Kupferschlucht, Fähren, Flug Mexiko-Stadt–Oaxaca, Bootsfahrt Yaxchilán, ca. 3300 Buskilometer 1. Klasse)

ACHTUNG: Wo nicht anders angegeben, wird der jeweils nächste Ort der Tour mit dem Bus angesteuert.

Begegnungen mit Tarahumaraindianern hoch über der Kupferschlucht der Sierra Madre: ein Erlebnis, das nicht weniger fesselt als der Aufenthalt in Baja California, wo die Wüste direkt ans Meer reicht. Anschließend erkunden Sie koloniale Orte

Jeder Zipfel dieser Erde hat seine eigene Schönheit. Wenn Sie Lust haben, die einzigartigen Besonderheiten dieser Region zu entdecken, wenn Sie tolle Tipps für lohnende Stopps, atemberaubende Orte, ausgewählte Restaurants oder typische Aktivitäten bekommen wollen, dann sind diese maßgeschneiderten Erlebnistouren genau das Richtige für Sie. Machen Sie sich auf den Weg und folgen Sie den Spuren der MARCO POLO Autoren – ganz bequem und mit der digitalen Routenführung, die Sie sich über den QR-Code auf S. 2/3 oder die URL in der Fußzeile zu jeder Tour downloaden können.

im mexikanischen Hochland – Schatzkammern an Kultur und Genuss. Über die präkolumbische Pyramidenstätte Monte Albán erreichen Sie schließlich die Halbinsel Yucatán, wo Sie die karibische Seite Mexikos genießen.

Von der Cowboystadt ❶ **Chihuahua → S. 86 bringt Sie die legendäre Chepe-Eisenbahn** durch alle Klimazonen des Landes, die wegelose Wildnis der Sierra Madre und die Kupferschlucht ❷ **Barranca del Cobre → S. 82** nach Los **Mochis** am Pazifik. Übers Wasser geht es dann **mit der Fähre nach La Paz** in Baja California und **mit dem Bus weiter**

TAG 1–3

❶ Chihuahua

354 km

❷ Barranca del Cobre

774 km

Bild: Tarahumara-Souvenirverkäuferinnen an der Chepe-Eisenbahn

③ Cabo San Lucas

TAG 4–7
630 km
④ Mazatlán
439 km
⑤ Puerto Vallarta

TAG 8
346 km
⑥ Guadalajara

TAG 9
277 km
⑦ Guanajuato

TAG 10–11
77 km
⑧ San Miguel de Allende

an die Südspitze der Halbinsel, ins Naturparadies ③ **Cabo San Lucas → S. 89** mit traumhaften Sandstränden und meterhohen Kandelaberkakteen in der Wüste.

Mit der Fähre gelangen Sie zurück zur Pazifikküste nach ④ Mazatlán → S. 77. Lassen Sie sich in der Hauptstadt des Garnelenfangs die *gambas a la plancha* nicht entgehen. In ⑤ **Puerto Vallarta → S. 79** locken internationales Strandleben und ein Ausritt in den Dschungel ebenso wie die koloniale Altstadt.

Im Hochland liegt ⑥ **Guadalajara → S. 35** mit prächtigen Palästen der Kolonialzeit. Highlight ist u. a. das ehemalige Waisenhaus **Instituto Cultural Cabañas**, wo Sie das berühmte *mural* von José Clemente Orozco in der Kuppel beeindrucken wird.

Lebensart und Charme verrät die jahrhundertealte Architektur in ⑦ **Guanajuato → S. 39.** Einige der engen Straßen führen Sie unter die Erde, durch den stillgelegten Flusslauf und ehemalige Bergwerksschächte. Auf den zahlreichen *plazas* speist man mittags genussvoll unter Einheimischen.

In der Künstlerhochburg ⑧ **San Miguel de Allende → S. 61** verzaubern Cafés, Restaurants und Hotels mit altspani-

ERLEBNISTOUREN

schem Flair, das durch die internationalen Besitzer mit edlem Design ergänzt wird. Im benachbarten ❾ **Querétaro → S. 59** führt Sie der erste Stadtspaziergang zu den Arkadenrestaurants; danach lassen Sie sich von einem Guide erklären, was es mit dem großartigen **Convento de la Cruz** auf sich hat.

Das **Centro Histórico** von ❿ **Mexiko-Stadt → S. 43** ist Unesco-Welterbe. **Der Prachtboulevard Paseo de la Reforma führt Sie zum Museo Nacional de Antropología** – absolutes Muss, um einen ersten Eindruck von den präkolumbischen Kulturen Mexikos zu erhalten. Abends darf es dann eine *margarita* in einer coolen Bar sein.

Von Mexiko-Stadt erreichen Sie ⓫ Oaxaca → S. 95 mit dem Flugzeug. Indianische Kultur und koloniale Bauten prägen die alte Stadt, wo Sie zum **Museo de las Culturas de Oaxaca** im stimmungsvollen alten Dominikanerkloster bummeln. **Nur 10 km südwestlich** thront spektakulär auf einer abgetragenen Bergkuppe die präkolumbische Zeremonialstätte **Monte Albán**, die mit ihren gewaltigen Pyramiden und Tempeln beeindruckt.

⓬ **San Cristóbal de las Casas → S. 105** ist für die in den umliegenden Dörfern lebenden *indígenas* das kulturelle und wirtschaftliche Zentrum. Das **Na-Bolom-Museum** ist Pilgerstätte für alle an der indianischen Kultur Interessierten. Im dichten Regenwald liegt **200 km nordöstlich** die berühmte Mayastätte von ⓭ **Palenque → S. 101**.

Von Palenque aus fahren Sie südöstlich in die im Urwald versteckte Mayastätte ⓮ **Bonampak → S. 104** und unternehmen eine abenteuerliche Bootsfahrt auf dem Grenzfluss zu Guatemala ins ebenfalls im Dschungel gelegene präkolumbische ⓯ **Yaxchilán → S. 104**. Meterdicke Bastionen bestimmen das Stadtbild von ⓰ **Campeche → S. 116**. In der stimmungsvollen Altstadt wurden zwei Herrenhäuser in ein Kulturzentrum mit Kunsthandwerksgeschäft verwandelt. Bei der abendlichen Show *luz y sonido* wird das Piratenleben eindrucksvoll nachgespielt.

Um die zentrale *plaza* von ⓱ **Mérida → S. 124** gruppieren sich die schönsten Gebäude der Stadt; am Wochenende treffen sich hier die Bewohner zum INSIDERTIPP Tanzen unter Sternen. Lassen Sie sich von der Stimmung anstecken! Von Mérida geht es zu den weltberühmten Pyramiden von

133

TAG 24–25

⑱ Chichén Itzá → S. 126, die Sie bei einem mehrstündigen Spaziergang erkunden. Wunderschöne Gästehaciendas laden in der Umgebung zur Übernachtung ein.

Das nächste Ziel sind ⑲ **Cancún → S. 119** und die sich südlich anschließende **Riviera Maya** mit ihren schneeweißen Bilderbuchstränden an der Karibischen See. Tags darauf bringt Sie die Fähre auf die Insel ⑳ **Cozumel → S. 121**, deren Korallenriff weltbekanntes Ziel für Taucher ist, die aber auch zum Schnorcheln einlädt.

2 KOLONIALSTÄDTE IM ZENTRALEN HOCHLAND

START: ① Mexiko-Stadt
ZIEL: ① Mexiko-Stadt

5 Tage reine Fahrzeit 10–14 Stunden

Strecke: 🚗 knapp 600 km

KOSTEN: 550 Euro/Person (Unterkunft, Essen, Eintritte, Benzin, fünf Tage Mietwagen, ohne Übernachtung im Cocoyoc)

Mit Puebla lernen Sie eine wohlhabende Kolonialstadt kennen, zu der das indianisch geprägte Tlaxcala einen reizvollen Kontrast bildet. An die Kolonialzeit erinnern Cortés' Hacienda Cocoyoc und der Palast des Eroberers in Cuernavaca. Weitere Höhepunkte der spanischen Kolonialzeit zeigen Taxco und Toluca.

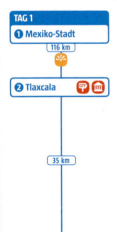

Sie verlassen ① **Mexiko-Stadt → S. 43** in östlicher Richtung und fahren auf der Autobahn MEX 150 D Richtung Puebla mit großartiger Sicht auf die Vulkane Popocatépetl und Ixtaccíhuatl. Nach ca. 100 km unternehmen Sie bei San Martín einen Abstecher nach Norden in das entzückende Provinzstädtchen ② **Tlaxcala**. Von der Autobahn führt die Straße in die 2400 m hoch gelegene Hauptstadt (84 000 Ew.) des gleichnamigen kleinen Bundesstaats.

Schon bald nach ihrer Ankunft in Mexiko hatten die Spanier hier eine Siedlung errichtet, deren Gebäude in der Altstadt perfekt restauriert oder im alten Stil wiederaufgebaut wurden. Am Zócalo steht der **Palacio de Gobierno** mit reich dekorierter Fassade sowie kunstvollen Fenstern und Türen; im Inneren zeigen *murales* die Geschichte des Volks der Tlaxcalteken. Das ehemalige Franziskanerkloster

ERLEBNISTOUREN

Convento de San Francisco beherbergt das historische Regionalmuseum. **2 km östlich der Stadt** steht auf einem Hügel das **Santuario de Ocotlán**, eine Barockkirche aus dem 17./18. Jh., die wegen ihrer besonderen Schönheit Besucher von weit her anzieht.

Über die Straße 119 gelangen Sie dann nach ❸ **Puebla → S. 56**. Für die Besichtigung der Altstadt können Sie leicht einen ganzen Tag veranschlagen. Zudem locken zahlreiche stimmungsvolle Restaurants, Cafés und *plazas.* Zur Übernachtung empfiehlt sich ein Hotel in der Innenstadt.

Auf dem Weg **über die MEX 190 gen Süden** muss ein Abstecher nach ❹ **Cholula → S. 58** sein, denn die dortige große Pyramide besitzt in ihrem Inneren Gänge: Wagen Sie sich durch die engen und niedrigen, dunklen Tunnelwege innerhalb der Pyramide und erforschen Sie die Überbauungen! Cholula besitzt eine beeindruckende Anzahl von Kirchen. Besuchen Sie unbedingt **Santa María de Tonantzintla**: Ihr Inneres wurde von indianischen Künstlern in überwältigendem Detailreichtum gestaltet.

In ❺ **Cuautla** (145 000 Ew.) auf 1300 m Höhe treffen Sie auf zahlreiche einheimische Besucher, die wie einst die Kolonialherren die schwefelhaltigen Bäder um den Río Cuaut-

6 Hacienda Cocoyoc

32 km

7 Cuernavaca

TAG 3

90 km

8 Taxco

TAG 4–5

125 km

9 Toluca

67 km

1 Mexiko-Stadt

la herum genießen. Mexikanische Prominenz wie Besucher aus aller Welt steuern die **bei Cuautla liegende 6 Hacienda Cocoyoc** (315 Zi. | Tel. 01735 3 56 22 11 | www.cocoyoc.com.mx | €€€) an. Die inmitten eines Parks mit Aquädukt und Wasserfall gelegene Anlage aus dem 16. Jh. ist eines der stilvollsten Hotels des Landes – hier zumindest seinen Lunch zu nehmen, ist ein Erlebnis!

Im Übernachtungsort **7 Cuernavaca → S. 50** laden koloniale Patiohäuser zum Abendessen ein. Das dank der Lage in 1540 m Höhe angenehme Klima verlockt zu Spaziergängen in der hügeligen Stadt und zur **am östlichen Stadtrand gelegenen Pyramide von Teopanzolco**.

Von Cuernavaca führt die MEX 95 überwiegend als Autobahn ins südlich gelegene 8 Taxco → S. 64. Steile Kopfsteinpflastergässchen bringen Sie zu Silbergeschäften und Kunsthandwerksmärkten. Auf dem **INSIDER TIPP Recorrido Ex-Haciendas Mineras de Taxco** (100 Pesos | Buchung im Hotel Posada de la Misión | www.taxcohotel.com/carretas.html) gelangen Sie mit einer Pferdekutsche auf dem historischen Camino Real zu ehemaligen Haciendas von Silberminenbesitzern und zu beeindruckenden Ruinen in nahezu unberührter Natur.

Vor der Rückkehr verspricht **9 Toluca** (510 000 Ew.) in fast 2700 m Höhe noch einmal einen Einblick in die Baukunst der einstigen Kolonialherren. Im Zentrum des ehemals aztekischen Tollocan stehen aufwendig restaurierte Bauwerke vornehmlich aus dem 18. und 19. Jh. Gleich mehrere davon beherbergen heute Museen. Das **Museo José María Velasco** (Di–So 10–18 Uhr | Avenida Lerdo de Tejada Poniente 400) mit Zeichnungen und Gemälden des großen mexikanischen Künstlers lohnt einen Besuch. Arkadengänge – besonders kunstvoll an der Plaza Fray Andrés de Castro – bieten Schutz vor Sonne und Regen. Eine angenehme Unterkunft ist das **Quinta del Rey Hotel** (66 Zi. | Paseo Tollocan Oriente 500 | Tel. 01722 2 75 80 00 | www.quintadelrey.com.mx | €€). Am nächsten Morgen sind es von Toluca **über die Autobahn MEX 15 nur noch knapp 70 km zurück nach 1 Mexiko-Stadt**.

Weiß und wendig: Taxi in Taxco

ERLEBNISTOUREN

Die karge Schönheit der Gebirgs- und Wüstenlandschaften sowie die unberührten Strände der Halbinsel mit ihrer vielfältigen Tierwelt verlocken zu dieser abenteuerlichen, recht anstrengenden Fahrt. Dazu kommen romantische Kolonialstädtchen und historische Jesuitenmissionen sowie am Ziel ein glamouröser Badeort, umgeben von einzigartiger Natur.

Die hektische Millionenstadt ❶ **Tijuana → S. 92** an der Grenze zu den USA **verlassen Sie Richtung Süden und gelangen nach gut 100 km** in die Hafenstadt ❷ **Ensenada** (260 000 Ew.) am Nordende der großen, halbkreisförmigen Bahía Todos los Santos. Zwischen November und März dürfen Sie sich eine **Walbeobachtungstour** nicht entgehen lassen. Während der übrigen Zeit können Sie das Wissenschaftsmuseum **Caracol** *(Di–Fr 9–17, Sa/So 12–17 Uhr | Calle Club Rotario 3 | www.caracol.org.mx)* besuchen, das sich auf Grauwale spezialisiert hat.

16 km südlich von Ensenada führt ein Abzweig nach Westen auf die Halbinsel ❸ **Punta la Banda** zum Geysir INSIDERTIPP ▸ **La Bufadora**. Hier wird das Meerwasser in eine Unterwasserhöhle gepresst und schießt als Fontäne nach oben. Übernachten können Sie **in Ensenada** im **Villa Fontana Inn** *(69 Zi. | Avenida López Mateos 1050 | Tel. 01646 178 34 34 | www.villafontana.com.mx | €€).*

Die Straße nach Süden verläuft bis El Rosario an der Westseite, wendet sich dann ins Landesinnere und führt durch eine Wüste, in der unzählige Kaktusarten, darunter der viele Meter hohe Saguaro, die karge Landschaft bestimmen.

137

651 km
❹ Guerrero Negro 🌳 🛏

Wieder an der Westküste, treffen Sie bei ❹ **Guerrero Negro** auf den Naturpark **Santuario de Ballenas El Vizcaíno**, dessen weitläufige Lagunen optimale Möglichkeiten zur Walbeobachtung garantieren. Übernachten können Sie hier im **The Halfway Inn** *(28 Zi. | Carretera Transpeninsular Paralelo 28 | Tel. 01615 15 71 305 | www.halfwayinnhotel.com | €–€€).*

TAG 3

166 km
❺ San Ignacio 🌳 🚶

76 km
❻ Santa Rosalía 🍽 🛏

Die MEX 1 durchquert anschließend die Halbinsel und erreicht nach rund 165 km die an einem klaren Bach gelegene Oase ❺ **San Ignacio** (5000 Ew.). Weitläufige Palmenhaine verlocken in der ehemaligen Jesuitenmission zum Spaziergang. **An der Ostküste** kommen Sie dann nach ❻ **Santa Rosalía**. Das 1885 von französischen Bergwerkern gegründete Städtchen bezaubert durch seinen provinziellen Charme – doch gleichzeitig treffen Sie hier auf Menschen aus aller Welt, die zum Hochseeangeln hierherkommen. Unterkunft finden Sie z. B. im **Hotel El Morro** *(20 Zi. | Carretera Transpeninsular km 1,5 Sur | Tel. 01615 152 04 14 | www.santarosaliaelmorro.com | €).*

TAG 4

399 km
❼ San Carlos 🌳 🛏

In einem Bogen führt die Straße gut 200 km später wieder hinüber zur Westküste – machen Sie hier einen Abstecher nach ❼ **San Carlos → S. 92**, wo sich Ihnen eine weitere Gelegenheit bietet, Grauwale zu beobachten. Zur Übernachtung empfiehlt sich hier das **Villas Isabela B & B** *(10 Zi. | Isla Magdalena 230 | Tel. 01613 111 07 45 | www.magdalenabaywhales.com | €).*

ERLEBNISTOUREN

8 La Paz → S. 92 ist der richtige Ort, um vom kristallklaren Wasser aus die wüstenartige, bis an die Küste heranreichende Landschaft zu fotografieren. In der Marina liegen zahlreiche Ausflugsboote vor Anker. Das **Hotel Miramar** *(25 Zi. | Calle 5 de Mayo/Calle Belizario Domínguez | Tel. 01612 122 88 85 | www.hotelmiramarlapaz.com | €)* empfängt Sie nur 100 m von der Uferpromenade.

In **9 San José del Cabo → S. 89** locken hervorragende Hotels und ein großes Angebot an Restaurants, Bars und Cafés zum Aufenthalt. Das **nur noch 32 km entfernte 10 Cabo**

TAG 5
269 km
8 La Paz
TAG 6–7
189 km
9 San José del Cabo
32 km
10 Cabo San Lucas

Kandelaberkakteen und kristallklares Wasser: Landschaft bei La Paz

San Lucas → S. 89 bildet den Endpunkt der Tour. Das Gefühl, am Ende der Welt und gleichzeitig mittendrin zu sein in einem kosmopolitischen Zentrum, ist charakteristisch für den Ort. Gehen Sie hier zum Abschluss vor der Morgendämmerung auf **Jeepsafari**, um den Sonnenaufgang in der Wüste zu erleben. Großartig!

4 VOM HOCHLAND VON CHIAPAS AN DEN GOLF VON MEXIKO

START: ❶ Tuxtla Gutiérrez
ZIEL: ❾ Villahermosa

4 Tage
reine Fahrzeit
8–12 Stunden

Strecke:
➡ gut 500 km

KOSTEN: 450 Euro/Person (Unterkunft, Essen, Eintritte, Benzin, vier Tage Mietwagen)

ACHTUNG: In ❾ Villahermosa können Sie abends weiterfliegen nach Mérida – empfehlenswert für alle, die eine Übernachtung im schwülheißen und moskitoreichen Villahermosa vermeiden möchten.

Auf dieser Tour begegnen Ihnen eindrucksvolle Naturschauspiele und präkolumbische Stätten. Sie unternehmen eine unvergessliche Bootstour, besuchen die „Indianerhauptstadt" des Landes und entdecken im Regenwald einzigartige Pyramiden der Maya.

TAG 1
❶ Tuxtla Gutiérrez
14 km
❷ Chiapa de Corzo
18 km
❸ Cañón del Sumidero
71 km
❹ San Cristóbal de las Casas

TAG 2–3
108 km
❺ Toniná

❶ **Tuxtla Gutiérrez**, die Hauptstadt von Chiapas, ist schnell verlassen. Nach einem Rundgang um die Plaza von ❷ **Chiapa de Corzo → S. 108** bummeln Sie zum Flussufer und besteigen dort eines der Boote für eine mehrstündige Fahrt in den ❸ **Cañón del Sumidero → S. 108**. Noch am selben Nachmittag erreichen Sie dann das herrlich gelegene ❹ **San Cristóbal de las Casas → S. 105** mit seinem reichen, überall präsenten Kunsthandwerk und dem indianischen Erbe. Zahlreiche restaurierte Kolonialhäuser verheißen eine romantische Übernachtung.

Während der Fahrt von San Cristóbal auf gut 2100 m ins fast 2000 m tiefer gelegene Palenque führt Sie in Ocosingo ein Abstecher nach ❺ **Toniná** zu einem restaurierten Zeremonialzentrum der Maya mit kleinem Museum. Wie eine Festung liegt die Pyramide mit dem Haupttempel auf einem Hügel. Die meisten Bauwerke sind noch von dichter

ERLEBNISTOUREN

Vegetation bedeckt. Eine Besonderheit von Toniná („steinernes Haus") sind seine Rundsteine und -skulpturen.

60 km vor Palenque liegen abseits der Straße die Wasserkaskaden von ❻ **Agua Azul → S. 104**. Nutzen Sie diese schöne Gelegenheit für ein Picknick! **45 km weiter** stürzt der Wasserfall ❼ INSIDER TIPP **Misol-há** aus 30 m Höhe in einen von dichtem Grün umrahmten See, in dem Sie auch gut baden können. Spazieren Sie auf den schmalen Pfaden durch eine tropische Regenwaldlandschaft in nächster Nähe unter der Klippe und hinter den herabstürzenden Wassermassen vorbei! Im **Welcome Center** nehmen Sie dann einen Drink oder kehren im Restaurant ein. In ❽ **Palenque → S. 101** quartieren Sie sich für zwei Nächte ein, um am nächsten Tag in Ruhe die archäologische Stätte besuchen zu können.

Verlassen Sie Palenque früh am Morgen, damit Sie genügend Zeit haben, die geheimnisvolle Kultur der Olmeken in ❾ **Villahermosa → S. 114** beim Besuch des Freilichtmuseums im **Parque Museo La Venta** zu ergründen. Wer waren die Erbauer dieser rätselhaften, viele Tonnen schweren Skulpturen? Nach einem Lunch in tropischer Atmosphäre dürfen Sie sich etwas Aufklärung im vorzüglichen **CICOM**-Museum in bezaubernder Lage am Fluss erhoffen.

141

SPORT & WELLNESS

Die unterschiedlichen Naturlandschaften Mexikos reichen von der Wüste bis zum Dschungel, sodass für jeden Geschmack etwas dabei ist, von der Wanderung zu Felsmalereien in der Wüste von Baja California bis zur Kajaktour auf dem Wildwasser im dichten Grün des südmexikanischen Regenwalds.

Die rund 10 000 km Küste garantieren ein schier unerschöpfliches Angebot an Wassersport. Ein Zusammenschluss von Reiseveranstaltern mit Aktiv-, Erlebnis- und Naturlaub ist *Amtave (Tel. 01800 6 54 44 52 | www.amtave.org)*.

BERGSTEIGEN & WANDERN

Zunehmender Beliebtheit erfreut sich das Wandern an den Hängen von Vulkanen. Nachdem Mexikos bekanntester Vulkan Popocatépetl seit einigen Jahren wegen gelegentlicher Ausbrüche für Wanderungen gesperrt ist, steht der höchste Berg des Landes, der Pico de Orizaba, in der besonderen Gunst der Bergliebhaber. In seiner Umgebung und in der Stadt Puebla sind daher mehrere Veranstalter auf Organisation und Begleitung spezialisiert, die ihre Dienstleistungen in den Hotels und Reisebüros der Stadt anbieten.

Auch mehrtägige Wanderungen in der Kupferschlucht mit und ohne Führer sind außerordentlich attraktiv und beliebt. Fast alle Hotels entlang der Bahnstrecke organisieren oder vermitteln geführte Wanderungen, bei denen Sie Dörfer der Tarahumaraindianer, Wasserfälle sowie

Aktiv zwischen Himmel und Erde: In Mexiko reicht die Palette von der Vulkanbesteigung bis zum Bad in einem unterirdischen Fluss

Seen passieren. Viele Wanderer wählen als Ausgangspunkt den Ort Creel, denn dort ist das Angebot an Reisebüros und Hotels mit Wanderprogramm besonders groß.

GOLF

Abschlagen auf Golfplätzen, die umgeben sind von dichtem Regenwald und bevölkert von *iguanas* (Leguanen), putten zwischen alten Mayatempeln und Aztekenpyramiden – in Mexiko ist Golf fast immer auch ein landschaftliches und kulturelles Highlight. Neben dem Golfmekka Los Cabos an der Südspitze von Baja California sind noch mehr als 200 weitere Topanlagen über das ganze Land verteilt. Viele davon finden sich in der Umgebung von Mexiko-Stadt, darunter solche, die von legendären Golfplatzarchitekten wie Robert Trent Jones, Jack Nicklaus oder dem Mexikaner Jaime Padilla entworfen wurden. Auf der Halbinsel Yucatán ist der Platz *El Camaleón (Mayakoba Resort | Carretera Federal*

(MEX 307) km 289, 11 km nördl. von Playa del Carmen | Tel. 0984 2 06 46 50 | Greenfee ab 229 US-$, Twilight 180 US-$ | www.mayakobagolf.com) bei Cancún sogar Stopp für die US-amerikanische PGA-Tour. Der Kurs wurde von Greg Norman entworfen und kann von Anfängern genauso wie von Topgolfern gespielt werden. *www.ccq.com.mx, www.golfinmexico.net*

JAI ALAI

Bei dem aus dem Baskenland stammenden Spiel Pelota, in Mexiko oft *jai alai* genannt, wird ein Ball mit der Hand, einem Tennis- oder Holzschläger oder einem handschuhähnlichen Fangkorb mit großer Geschwindigkeit gegen eine Wand geschlagen. Der Spielgegner muss ihn dann parieren. Zwei oder vier Personen treten gegeneinander an, das Spielfeld *(frontón)* liegt im Freien oder in einer Halle. Spielgelegenheiten, *palacio frontón* oder *palacio jai alai* genannt, finden Sie in fast jeder Stadt. Die *Federación Mexicana de Frontón (www.femexfronton.mx)* erklärt Einzelheiten des Sports.

REITEN

Mexiko besitzt eine alte Pferdekultur und Reiten ist ein beliebter Sport. Überall im Land und besonders in der Nähe von Touristenhochburgen haben sich daher Reitställe etabliert, die Besuchern vom stundenweise geführten Ausritt bis zum tagelangen Ausflug ein breites Programm bieten. Ausritte am Strand, der überall öffentlich ist, sind genauso möglich wie längere Touren an Flussufern, durch Täler oder Ritte in die Berge. An einigen Orten der Westküste wie Mazatlán und Puerto Vallarta hat man dies alles zugleich.

TAUCHEN & SCHNORCHELN

Getaucht und geschnorchelt wird rund um Mexiko, doch Kenner der Unterwasserwelt zieht es an die Ostküste der Halbinsel Yucatán, denn dort liegt im Karibischen Meer der nördliche Ausläufer des zweitlängsten Riffs der Welt. Besonders geeignet sind die dem Festland zugewandten Seiten von Cozumel und der Isla Mujeres, doch auch die *cenotes* – mit Wasser gefüllte Löcher im porösen Kalkstein –, Lagunen und unterirdischen Flüsse der Riviera Maya sind beliebte Tauchplätze. **INSIDER TIPP** Tauchen und Schnorcheln auf der Isla Mujeres heißt weniger Trubel und weniger Kosten als z. B. auf Cozumel

Traumziele für Taucher und Schnorchler sind Cozumel und die Isla Mujeres

SPORT & WELLNESS

oder in den Tauchresorts der Riviera Maya. Es gibt ein vielfältiges Angebot von Riff- und Wracktauchen über Ökotauchen bis zu Unterwasserfotografie, außerdem unterschiedliche Programme und Pakete für Anfänger (auch Unterricht und Zertifikate) und Profis, dazu Ausrüstungsverleih und diverse Angebote für Schnorchler.

WASSERSPORT

Jedes mexikanische Strandhotel ist auf die Wünsche seiner Gäste nach Wassersport eingestellt. So können Sie von der Schwimmflosse bis zum Segelboot fast alles leihen. An der Riviera Maya entstanden mehrere sogenannte ökologische Freizeitparks, die zum großen Teil auch Wassersport anbieten, darunter Kajakfahren sowie Schwimmen in einem unterirdischen Fluss. Die Gewässer der Parks bilden ein natürliches Aquarium, in dem es sich auch vorzüglich tauchen und schnorcheln lässt. Fußwege und Brücken führen in den von viel Wasser durchzogenen Wald: Xel-Há *(tgl. 8.30–18 Uhr | Eintritt 89 US-$ | 111 km südl. von Cancún zwischen Akumal und Tulum | www.xelha.com)*; Xcaret *(tgl. 8.30–21.30 Uhr | Eintritt ab 99 US-$ | 9 km südl. von Playa del Carmen | www.xcaret.com)*. Neben diesen Eintrittspreisen *("basic")* bieten die Parks auch teurere All-inclusive-Pakete sowie weitere kostenpflichtige Attraktionen und Sportarten.

WELLNESS

Nicht nur teurere Hotels unterhalten eigene Wellnessbereiche, Massagen, Gesichtsbehandlungen etc. bieten mitunter auch kleinere Gästehäuser. Besonders groß ist das Angebot auf der Halbinsel Yucatán; dort findet man auch Yoga- und Reikistudios und am Strand werden Massagen angeboten. Landesweit berühmt ist die Tradition der alten indianischen Schwitzsauna, *temazcal* genannt, die man heute wiederbelebt – himmlisch wohltuend und entspannend!

WILDWASSERFAHREN

Das Hochland Mexikos besitzt zahlreiche Flüsse, auf denen sich Riverraftingtouren in Wildwasser unternehmen lassen. Ein empfehlenswerter Anbieter ist *Adventures Selvazul (Tel. 01222 2406455 | www.selvaazul.com)*. Im Bundesstaat Veracruz eignen sich mehrere Flüsse hervorragend für Whitewaterrafting. So gilt beispielsweise das Dörfchen **INSIDER TIPP** *Jalcomulco* mit gleich mehreren Anbietern als Mekka für Wildwasserfahrer. Der *Río Antigua* bietet 20 km Stromschnellen der Klassen III und IV (geeignet für Fortgeschrittene). Sie gelangen von hier außerdem zum *Río Actopan*, der auf einer Strecke von 15 km über zahlreiche kleinere Kaskaden der Klasse II (geeignet für Einsteiger sowie Kinder und Jugendliche) führt.

WINDSURFEN

Die lange Pazifikküste Mexikos – sowohl an der Halbinsel Baja California als auch am Festland – ist bei Windsurfern aus den USA ein beliebtes Surfrevier. Auch Cancún und die Riviera Maya ziehen wegen der vielen Flugverbindungen zu den USA zunehmend Surfer an. Die Sportler konzentrieren sich wegen der günstigen Winde und der vorhandenen Infrastruktur an einigen Orten der Westküste, darunter Pie de la Cuesta bei Acapulco, San Blas, Puerto Escondido, sowie auf der Halbinsel Baja California; dort sind San Carlos, Cabo San Lucas, die Bahía de Los Ángeles und Los Barriles südlich von La Paz sehr beliebt.

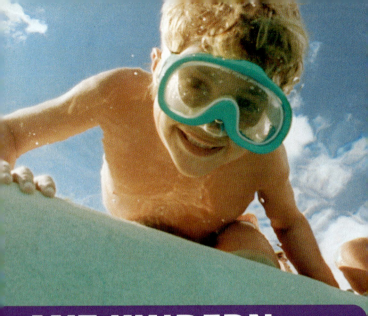

MIT KINDERN UNTERWEGS

Mexikaner sind kinderlieb und haben viele Kinder, das Leben findet überall mit ihnen statt. Es gibt also kaum Einschränkungen, selbst wenn Sie kleinere Kinder mit auf die Reise nehmen.

Alles was Ihr Nachwuchs unterwegs benötigt, ist in Mexiko erhältlich. Einige Hinweise sollten Sie aber beachten. Wenn Sie mit dem Bus unterwegs sind, reisen Sie am besten erster Klasse. Achten Sie darauf, dass Ihre Kinder sehr viel Wasser trinken. Sie sollten außerdem einen Sonnenhut tragen und nicht ohne Sonnenschutz ins Freie gehen. Große Strandhotels und Ferienresorts bieten meist einen Kid's Club mit Programm für kleine Gäste. Ein Wermutstropfen: Das Wasser in kleineren Hotelpools entspricht oft nicht dem europäischen Standard, Ohrenentzündungen sind mitunter die Folge.

ZENTRALES HOCHLAND

PAPALOTE – MUSEO DEL NIÑO
(176 B3) (*L9–10*)
Viel Spaß und doch lehrreich: Das Kindermuseum in Mexiko-Stadt richtet sich an junge Besucher, denen es eine einzigartige Einführung in die Naturwissenschaften bietet. Kleine Forscher dürfen nach Herzenslust technische Experimente durchführen, Fragen stellen und alles anfassen – und auch Erwachsene haben ihren Spaß. *Mo–Fr 9–18 (Do bis 23), Sa/So 10–19 Uhr | Eintritt 129 Pesos (ab 2 Jahre) | Avenida Constituyentes 268 (am Chapultepecpark) | www.papalote.org.mx*

Niños und *niñas* sind in Mexiko überall dabei und willkommen. Zu erleben gibt es für sie in dem vielfältigen Land allemal genug

SANTUARIO DE LA MARIPOSA MONARCA EL ROSARIO
(175 F4) (*M* **K9–10)**
Schmetterlinge üben auf Kinder eine große Faszination aus. Wer zwischen November und März in der Nähe von Toluca unterwegs ist, bucht eine Tour zu einem Schauspiel, das wirklich einzigartig ist: Im Naturreservat überwintern Millionen von Monarchschmetterlingen – so viele Falter werden Sie in Ihrem ganzen Leben nicht mehr sehen. *70 km nordwestl. von Toluca*

TROMPO MÁGICO – MUSEO INTERACTIVO **(174 C3)** *(M H9)*
In dem großen Gebäude in Zapopan bei Guadalajara befinden sich diverse interaktive Bereiche für Kinder und Jugendliche. Die Kleineren schlüpfen in die Rollen verschiedener Berufe (z. B. in Postamt, Supermarkt und Restaurant oder auf einer Baustelle). Jugendliche belegen z. B. einen Trommelkurs. Oder sie lernen, wie man einen Film produziert – dazu gehört u. a. der Umgang mit der Kamera oder die Übertragung des Films

auf den Computer. Zu den regelmäßigen Angeboten kommen zusätzliche Aktivitäten und Programme, die auf der Website des Museums angekündigt werden. Viele Helfer geben Hinweise. *Di–Fr 9–18, Sa/So 11–19 Uhr | Eintritt 40 Pesos | Avenida Central 750 | Tel. 0133 30 30 00 30 | www.trompomagico.com.mx*

DIE WESTKÜSTE

WASSERPARK EL ROLLO
(175 F6) (*M K11*)
Ein Wasser- und Vergnügungspark, wie ihn Kinder mögen: Die Anlage in Acapulco ist laut, lebhaft und bunt. Wasserspielplätze, künstliche Wellen und weitere Attraktionen sorgen für Unterhaltung. Und zwischendurch erholt man sich bei Eis und Tacos. *Tgl. 10–18 Uhr | Eintritt ab 199 Pesos | Costa Azul | Costera M. Alemán/Cristóbal Colón | www.elrolloacapulco.com.mx*

DER NORDEN

CABO CANOPY TOURS (170 B6) (*M D7*)
Wie Tarzan an einer Liane schwingen, sicher angeseilt über eine Schlucht schweben: nur ein Teil des Vergnügens, das sportliche Schulkinder und Jugendliche erwartet, die mit ihren Eltern eine fünfstündige Canopy-Adventure-Tour (ab Hotel) in den Boca-de-Sierra-Nationalpark bei Cabo San Lucas buchen. Bereits die Anreise durch die wilde Landschaft ist ein Teil des Erlebnisses. *Tgl. 9, 12, 15 Uhr | Erwachsene und Kinder (ab 7 Jahre) 88 US-$ | www.cabozipline.com*

DER SÜDEN

HIERVE EL AGUA (177 D5) (*M M11*)
Zum Naturpark „Blubberndes Wasser" gehören zwei von warmem Quellwasser gespeiste Pools zum Schwimmen – frisch und angenehm warm, ein Paradies auch für Kinder. Zu sehen gibt es auch etwas: Zwei große „versteinerte Wasserfälle", entstanden aus kalziumhaltigen Stalaktiten. Die Umgebung können Sie auf Naturwanderwegen erkunden. Ein Restaurant und Bungalows zur Übernachtung stehen zur Verfügung. *Eintritt 35 Pesos, Kinder frei | 75 km südöstl. von Oaxaca (MEX 190, dann MEX 179)*

HÍPICO LA GOLONDRINA
(177 D5) (*M M11*)
Die meisten Reitställe Mexikos wenden sich an Erwachsene. La Golondrina, ca. 10 km nördlich der Stadt Oaxaca gelegen, ist dagegen ein Stall mit speziellen Kinderprogrammen. Das Angebot reicht von Dressur- und Springreiten bis zu Ausritten durch Flusstäler und Bergwälder mit Ponys oder kleineren Pferden, die für Kinder geeignet sind. *Bordo del Río Atoyac 800 | San Jacinto Amilpas | Tel. 01951 5 12 75 70*

YUCATÁN

KINDERKARNEVAL (179 F2) (*M S8–9*)
Wer im Februar/März auf Cozumel ist, erlebt den Karneval der Insel: Masken- und Kostümwettbewerbe sowie Umzüge für Kinder.

LUZ Y SONIDO (178 C2) (*M Q9*)
Campeche, die alte koloniale Hafenstadt auf der Halbinsel Yucatán, war früher Seeräuberziel. Beim abendlichen kulturellen Spektakel *El Lugar del Sol* wird daran erinnert: Schauspieler übernehmen die Rolle der Bösewichte, tummeln sich auf den jahrhundertealten Bastionen und die Zuschauer dürfen ebenfalls auf der Wehrmauer spazieren. Das Ganze ist in dramatisches Licht getaucht. *Do–So 20 Uhr | Eintritt 50 Pesos | Puerta de Tierra (Calle 18/Calle 59)*

MIT KINDERN UNTERWEGS

Das große Angebot an Aktivitäten für Kinder lässt auch kleine Mexikanerinnen strahlen

ÖKOPARKS (179 E2) (*S8–9*)

Ein Besuch im Schmetterlingsgarten oder eine Fahrt mit dem Floß über den Tropenfluss, Schnorcheln inmitten von Fischschwärmen, riesige Wasserschildkröten bestaunen, Seepferdchen im Aquarium besuchen, mit Schwimmweste und Flossen durch einen unterirdischen Fluss paddeln, bei einer *charreada,* den mexikanischen Reiterspielen, dabei sein und abends bei Fackelschein im Freilichttheater das uralte Ballspiel Pelota erleben: *Xcaret (tgl. 8.30–21.30 Uhr | Eintritt ab 99 US-$, Kinder 49,50 US-$ | 9 km südl. von Playa del Carmen | www.xcaret.com),* der älteste (und teuerste) der Ökoparks bei Playa del Carmen, ist auch derjenige mit den meisten Aktivitäten. Ein weiterer Park befindet sich an der Riviera Maya in der Nähe von Xcaret: *Xel-Há (www.xelha.com),* 47 km südlich von Playa del Carmen, mit vielen Lagunen zum Schnorcheln und ähnlichen Preisen und Wassersportangeboten für Familien mit Kindern.

INSIDER TIPP TORTUGRANJA
(179 F1) (*S8*)

An der Westküste der Isla Mujeres liegt eine Schildkrötenstation, in der junge Schildkröten in unterschiedlichen Becken aufgepäppelt und später wieder ins Meer entlassen werden; mit einer Klinik für verletzte Tiere. *Tgl. 9–17 Uhr | Eintritt 40 Pesos | Carretera a Garrafón km 5*

WET 'N' WILD (179 F1) (*S8*)

Der Wasserpark am südlichen Ende der Hotellandzunge von Cancún bietet seinen Gästen die üblichen Rutschen und Wasserspiele, nur alles etwas größer und wilder als gewohnt. *Tgl. 9.30–17 Uhr | All-inclusive-Eintritt 49 US-$, Kinder 43 US-$ | Parque Nizuc (Paseo Kukulcán km 25) | www.wetnwildcancun.com*

EVENTS, FESTE & MEHR

Neben Festen, die im gesamten Land gefeiert werden, gibt es eine Vielzahl lokaler Termine, die zum Teil überregionale Bedeutung erlangt haben. Und fast jeder Ort hat seinen Schutzpatron, an dessen Namenstag ihm zu Ehren ein großes Fest gegeben wird.

In der Touristeninformation in Mexiko-Stadt ist eine Broschüre erhältlich, die alle größeren Feste des Landes beschreibt. Eine ähnliche, jedoch viel ausführlichere Broschüre über die Feste in den einzelnen Bundesstaaten gibt es in den Informationsbüros der jeweiligen Hauptstadt.

FESTE & VERANSTALTUNGEN

FEBRUAR/MÄRZ

★ Der *Karneval* wird ausgelassen mit bunten Umzügen gefeiert. Als besonders schön gilt der Karneval in Veracruz und Mérida.

MÄRZ/APRIL

Semana Santa (Osterwoche) von Gründonnerstag bis Ostersonntag
Musik, Oper, Tanz, Theater und Kabarett: Beim *Festival Centro Histórico* treten rund 1000 internationale Künstler in Kirchen, Theatern, Palästen, auf *plazas* und in Patios von Mexiko-Stadt auf. *www.festival.org.mx*

ZWEITE APRILHÄLFTE

Beim **INSIDER TIPP** *Festival Cultural Zacatecas* begeistern Hunderte mexikanische Künstler aus den Sparten Kunst, Theater, Tanz, Musik und Folklore. *www.festivalculturalzacatecas.com*

ZWEI LETZTE JULIMONTAGE

In Oaxaca werden bei einer *Guelaguetza* in präkolumbischer Tradition indianische Stammestänze aufgeführt. *www.oaxacamio.com/fiestas/guelaguetza.htm*

15. AUGUST

Mariä Himmelfahrt wird überall mit Wallfahrten und Tänzen gefeiert.

OKTOBER

Musik und Folklore, Artisten und Musikgruppen, mexikanischer Rock und Pop: Bei den *Fiestas de Octubre* in Guadalajara werden Theater, Hallen, Bars und Bühnen zu Schauplätzen eines reichhaltigen Programms. *www.fiestasdeoctubre.com.mx*

Das *Festival Internacional Cervantino* zu Ehren des Schöpfers von Don Quijote in der zweiten Monatshälfte zieht 2000

Künstler aus aller Welt nach Guanajuato. Zu sehen sind Oper, Theater, Tanz, Bildhauerei sowie Literatur. www.festivalcervantino.gob.mx

1./2. NOVEMBER
⭐ *Todos los Santos* und *Día de los Muertos* (Allerheiligen und Allerseelen): An diesen Tagen lernen Sie den bizarren mexikanischen Totenkult kennen (s. S. 26).

12. DEZEMBER
Aparición de la Virgen de Guadalupe: Halb Mittelamerika erscheint zur Wallfahrt vor der Kirche der Jungfrau von Guadalupe in Mexiko-Stadt.

16.–24. DEZEMBER
Bei den *Posadas* wird die Herbergssuche der Heiligen Familie überall in Mexiko nachgespielt; Kinder ziehen von Haus zu Haus.

23. DEZEMBER
Bei der *La Noche de Rábanos* („Nacht der Rettiche") in Oaxaca präsentieren Gärtner aus Blumen, Gemüse und Früchten geformte Figuren der Weihnachtsgeschichte. Dazu gibt es ein traditionelles Abendessen mit Stockfisch. www.oaxaca-mio.com/fiestas/rabanos.htm

FEIERTAGE

1. Jan.	*Año Nuevo*
5. Feb.	*Aniversario de la Constitución* (Tag der Verfassung)
21. März	*Natalicio* (Geburtstag) *de Benito Juárez*
1. Mai	*Día del Trabajo*
5. Mai	*Aniversario de la Batalla de Puebla* (Gedenktag des Siegs über die Franzosen 1862)
1. Sept.	*Informe Presidencial* (Bericht des Präsidenten zur Lage der Nation)
16. Sept.	*Día de la Independencia* (am Vorabend des Unabhängigkeitstags wiederholt der Präsident den Aufruf des Paters Hidalgo, den *Grito de Dolores,* vom Balkon des Nationalpalasts)
12. Okt.	*Día de la Raza* (Tag des Beginns der Entstehung des lateinamerikanischen Volks)
20. Nov.	*Aniversario de la Revolución* (Gedenktag an die Revolution von 1910)
25. Dez.	*Navidad*

LINKS, BLOGS, APPS & CO.

LINKS & BLOGS

www.mexikolinks.de Onlinereiseführer, der nicht nur 200 Orte im Land – auch mit weiterführenden Links – beschreibt, sondern außerdem reisepraktische Informationen gibt sowie interessante Tools wie Stecknadeln zur Markierung beinhaltet

www.mexconnect.com Auf dem englischsprachigen Portal finden Sie Nachrichten, Hinweise auf aktuelle Events, Reisereportagen sowie Interessantes zu Geschichte, Kultur und Küche Mexikos

www.marcopolo.de/mexiko Alles auf einen Blick zu Ihrem Reiseziel: interaktive Karten inklusive Planungsfunktion, Impressionen aus der Community, aktuelle News und Angebote …

short.travel/mex1 In diesem Blog finden Sie viele englischsprachige Reiseberichte mit Fotos, die nach mexikanischen Bundesstaaten und Orten sortiert sind

www.mexperience.com/blogs Die „Deutsche Mexiko-Zeitung" der Reisejournalistin Herdis Lüke aus Mexiko-Stadt berichtet souverän und kenntnisreich zu zahlreichen Reisethemen vom Papstbesuch bis zum Fußball-Nationaltrainer – und natürlich auch vom Drogenkrieg und von der grassierenden Kriminalität

short.travel/mex6 Einige in Mexiko-Stadt lebende Ausländer organisieren mexikospezifische Events und versorgen Mitglieder und Neulinge mit Tipps zum Leben in der Stadt, zu Reisen und Transport

www.meetup.com/de/mexpeak Die zweisprachige (spanisch und englisch) Social-Network-Gruppe in Guadalajara veranstaltet Events wie Stadttouren mit Bierproben, Barbecue im Park und „Food & Movie". Im Vordergrund steht der Sprachgebrauch

www.lonelyplanet.com/thorntree/forums/americas-mexico Das englischsprachige Forum der Reiseführerreihe konzentriert sich vor allem auf Reisepraktisches

Egal, ob für Ihre Reisevorbereitung oder vor Ort: Diese Adressen bereichern Ihren Urlaub. Da manche sehr lang sind, führt Sie der short.travel-Code direkt auf die beschriebenen Websites. Falls bei der Eingabe der Codes eine Fehlermeldung erscheint, könnte das an Ihren Einstellungen zum anonymen Surfen liegen

www.mexicoonline.wordpress.com Der deutschsprachige Blog liefert Nachrichten, Wissenswertes und Informationen über aktuelle Events

www.planet-mexiko.com/blog.html Der Blog des Onlinereiseführers thematisiert neben vielem anderen die Schattenwirtschaft in Mexiko-Stadt sowie das Leben und Arbeiten in Mexiko; aktuell beschrieben wird z. B. auch die neue „Fahrradwelle" auf sonntäglichen autofreien Straßen in einigen Städten Mexikos

VIDEOS & MUSIK

www.rinconesdemitierra.com Hier gibt es eine große Zahl an Kurzvideos aus allen Regionen des Landes und zu vielen Aspekten. Die Website ist spanischsprachig, die Videos selbst sind aber ohne Kommentar und vermitteln einen guten Eindruck

short.travel/mex5 Videos über die Welt der Maya bis zur Zugfahrt durch die Barranca del Cobre. Auch der Strandurlaub kommt nicht zu kurz

short.travel/mex3 Ein deutschsprachiges Radiofeature beschäftigt sich mit der mexikanischen Revolution von 1910 und stellt die Verbindung zur Gegenwart des Landes her; kann auch als Podcast heruntergeladen werden

short.travel/mex4 Die Website bietet englische Videos zu Geschichte und archäologischen Stätten, zur mexikanischen Küche und zum Alltag in Mexiko

APPS

Timetours: Chichén Itzá Die deutschsprachige Anwendung führt Sie mit 3D-Rekonstruktionen, Zeitvergleichen und Rundumsicht durch die archäologische Stätte. Dazu gibt es viele Informationen sowie Spiele und eine Schatzsuche. Eine weitere App der Reihe ist für Uxmal verfügbar

Metro Mexico Das gesamte Liniennetz von Mexiko-Stadt, Umgebungspläne der einzelnen Stationen sowie die jeweils nächstgelegene Haltestelle

Mexiko-Stadt Karte offline Mit der deutschsprachigen App finden Sie sich in der mexikanischen Metropole – auch offline – zurecht. Die Anwendung enthält auch einen Index für Hotels, Restaurants, Museen, Shoppingadressen u. a.

Für den Inhalt der auf diesen Seiten genannten Adressen übernimmt der Verlag keine Verantwortung

PRAKTISCHE HINWEISE

ANREISE

Von allen US-mexikanischen Grenzstädten verkehren preiswerte Busse in den Süden des Landes. Von Laredo dauert die Fahrt nach Mexiko-Stadt 14 Stunden. Wählen Sie auf jeden Fall einen Bus *(camión)* der 1. Klasse *(primera clase, rápido, lujo, expreso)*. Hier gibt es ein WC und Sie haben einen festen Sitzplatz.

Zahlreiche Fluggesellschaften verkehren von Europa nach Mexiko, jeden Tag haben Sie die Auswahl unter mehreren Flügen. Lufthansa fliegt täglich von Frankfurt nach Mexiko-Stadt, Air France und Aeroméxico täglich über Paris nach Mexiko-Stadt. Air Berlin und Condor fliegen mehrmals wöchentlich von Deutschland nach Cancún, Belair und Air Berlin von Zürich. Lauda Air verkehrt von Wien nach Cancún. Für ein Retourticket zahlen Sie bei Linienflügen je nach Saison ab 700 Euro. Der Flug dauert zehn bis 14 Stunden, je nach Art der Zwischenlandung.

Vom Flughafen von Mexiko-Stadt *(Terminal 1, Halle F oben, bei Puerta 7)* fahren mehrmals täglich Busse nach Cuernavaca, Córdoba, Puebla, Querétaro und Toluca ab.

AUSKUNFT

MEXIKANISCHES FREMDENVERKEHRSBÜRO
Klingelhöferstr. 3 | 10785 Berlin | Tel. 030 26 39 79 40 | www.visitmexico.com

SECRETARÍA DE TURISMO
Avenida Presidente Masaryk 172 | Colonia Chapultepec Morales | 11587 México D. F. | Tel. aus Europa 0052 55 30 02 63 00 | atencionsectur.gob.mx | www.sectur.gob.mx, www.visitmexico.com

GRÜN & FAIR REISEN

Auf Reisen können auch Sie viel bewirken. Behalten Sie nicht nur die CO_2-Bilanz für Hin- und Rückreise im Hinterkopf *(www.atmosfair.de; de.myclimate.org)* – etwa indem Sie Ihre Route umweltgerecht planen *(www.routerank.com)* – , sondern achten Sie auch Natur und Kultur im Reiseland *(www.gate-tourismus.de; www.ecotrans.de)*. Gerade als Tourist ist es wichtig, auf Aspekte wie Naturschutz *(www.nabu.de; www.wwf.de)*, regionale Produkte, wenig Autofahren, Wassersparen und vieles mehr zu achten. Wenn Sie mehr über ökologischen Tourismus erfahren wollen: europaweit *www.oete.de*; weltweit *www.germanwatch.org*

CAMPING

Campingplätze sind meist Plätze für Wohnmobile nach US-Vorbild *(trailer parks)*. Richtige Zeltplätze findet man nur selten. Freies Camping sollten Sie aus Gründen der Sicherheit unbedingt vermeiden!

DIPLOMATISCHE VERTRETUNGEN

DEUTSCHE BOTSCHAFT MEXIKO-STADT
Avenida Horacio 1506 | Colonia Polanco | Tel. 0155 52 83 22 00 | www.mexiko.diplo.de

Von Anreise bis Zoll

Urlaub von Anfang bis Ende: die wichtigsten Adressen und Informationen für Ihre Mexikoreise

ÖSTERREICHISCHE BOTSCHAFT MEXIKO-STADT
Sierra Tarahumara Poniente 420 | Colonia Lomas de Chapultepec | Tel. 0155 52 51 08 06 | www.embajadadeaustria.com.mx

SCHWEIZER BOTSCHAFT MEXIKO-STADT
Torre Óptima, 11. Stock | Paseo de las Palmas 405 | Colonia Lomas de Chapultepec | Tel. 0155 91 78 43 70 | www.eda.admin.ch/mexico

EIN- & AUSREISE

Für die Einreise nach Mexiko benötigen Sie einen Reisepass und eine Touristenkarte, die Sie von einem mexikanischen Konsulat oder der Fluggesellschaft bekommen. Eine Kopie verbleibt im Pass, sie muss bei der Ausreise wieder vorgelegt werden.

In der Ankunftshalle im Flughafen von Mexiko-Stadt werden Sie von einer Reihe „schwarzer" Taxifahrer angesprochen. Deren Angebote sollten Sie aus Sicherheitsgründen ablehnen, auch wenn sie preislich attraktiv klingen mögen. Am Ausgang befindet sich ein Schalter, wo Sie ein Taxiticket erhalten. Dort zahlen Sie feste Preise für unterschiedliche Zonen.

EINTRITTSPREISE

In bedeutenden Museen und archäologischen Stätten müssen Sie mit 4 bis 8 Euro, in kleineren Stätten und privaten Museen mit 1 bis 3 Euro rechnen. Wo der Eintritt deutlich über diesen Richtwerten liegt, haben wir ihn in diesem Reiseführer jeweils extra genannt.

Der freie Eintritt für archäologische Stätten und staatliche Museen am Sonntag gilt nicht für Touristen, sondern nur für Einheimische und in Mexiko sesshafte Ausländer *(residentes)*.

WÄHRUNGSRECHNER

Euro	Pesos	Pesos	Euro
1	19	10	0,53
2	37	20	1,07
3	56	25	1,34
4	75	30	1,60
5	94	40	2,14
6	112	50	2,67
7	131	70	3,74
8	150	80	4,27
9	168	90	4,81

FOTOGRAFIEREN

Es lohnt sich, Speicherkarten in Mexiko zu kaufen, da sie hier günstiger sind. In Museen dürfen Sie nur gegen Gebühr fotografieren. In archäologischen Stätten kosten das Filmen und die Benutzung eines Stativs jeweils eine Extragebühr. *Indígenas* lassen sich nicht gern ablichten, holen Sie vorher unbedingt ihr Einverständnis ein. In einigen Regionen (z. B. in Chiapas) ist generell beim Fotografieren Vorsicht geboten.

FRAUEN ALLEIN UNTERWEGS

In Mittelamerika ist das Alleinreisen nicht so einfach wie in Mitteleuropa: Es hat für mexikanische Männer u. U. bereits einen gewissen Aufforderungscharakter, wenn eine Frau allein unterwegs ist. Bei einer

WAS KOSTET WIE VIEL?

Kaffee	1–1,50 Euro	
	für einen café de olla	
Snack	1,50–2 Euro	
	für einen Taco am Stand	
Bier	1,50–2 Euro	
	für eine Dose	
Souvenir	ab 20 Euro	
	für eine Hängematte	
Benzin	um 0,75 Euro	
	für 1 l	
Busfahrt	um 7,50 Euro	
	für 100 km in der ersten Klasse	

Anmache ist ein klares, schnelles und knappes „¡No, gracias!" ohne Lächeln oft hilfreich. Zudem gilt: Wandern Sie nicht allein im Naturpark und am einsamem Strand und setzen Sie sich im Bus immer neben eine Frau!

GELD & KREDITKARTEN

Die Abkürzung für den Peso ($) ist dieselbe wie für den US-Dollar; prüfen Sie daher bei Preisschildern stets, welche Währung gemeint ist! Es ist oft nützlich, kleinere Dollarscheine dabeizuhaben. Größere Hotels und Autovermietungen akzeptieren die gängigen Kreditkarten, das Gleiche gilt für die teureren Geschäfte und Restaurants in den Städten. Die Zahl der Geldautomaten, an denen Sie mit Kreditkarte und ec-Karte mit Maestrosignet (günstigster Kurs) Bargeld erhalten, nimmt zu.

GESUNDHEIT

Impfvorschriften für die Einreise gibt es keine. Das Malariarisiko ist sehr gering. Vorsorge gegen Typhus und Hepatitis wird empfohlen. Eine Reisekrankenversicherung mi Rücktransport ist unbedingt ratsam. Sonnencreme und Insektenschutzmittel gehören auf jeden Fall ins Reisegepäck.
Im Notfall: *ABC Medical Center, Campus Observatorio | Calle Sur 136 Nr. 116 | Colonia Las Américas | Mexiko-Stadt | Tel. 0155 52 30 81 61 | www.abchospital.com*
Die mexikanische Apotheke heißt *farmacia* und verkauft die gängigen europäischen Medikamente meist wesentlich preiswerter als zu Hause. Es ist besser, Sie kennen den Wirkstoff des gewünschten Medikaments, falls dies einen anderen, mexikanischen Namen hat. Gesundheitstipps für Fernreisende finden Sie im Internet auf *www.die-reisemedizin.de,* Impfhinweise unter *www.crm.de.*

INTERNETZUGANG & WLAN

In den Städten entstehen nach wie vor Internetcafés, die genau so schnell wieder verschwinden können. Eine Stunde Surfen kostet 1 bis 4 Euro – eine preiswerte Alternative zu teuren Telefonaten ins Ausland. Ein Verzeichnis von Internetcafés finden Sie bei *www.cybercafes.com,* von WLAN-Plätzen bei *www.hotspot-locations.com.*

KLIMA & REISEZEIT

Regenzeit herrscht in Mexiko von Mai bis Oktober. Im zentralen Hochland beschränkt sich der Regen auf Nachmittagsschauer, in Chiapas und an der Karibik regnet es mehr. An der Karibikküste wüten zwischen August und September Hurrikane. Sie bringen viel Regen und machen eventuell einen Umzug ins Landesinnere notwendig. Beste Reisezeit sind daher die europäischen Wintermonate, wobei Sie jedoch Weihnachts- und Osterzeit sowie die Wochen der US-

PRAKTISCHE HINWEISE

spring break meiden sollten, da zu diesen Terminen sehr viele junge US-Touristen im Land unterwegs sind. Viele Hotels und Flüge sind dann ausgebucht, Restaurants und Busse überfüllt und die Preise verdoppelt.

KNIGGE

Europäer und besonders Deutsche genießen im Vergleich zu US-Amerikanern einen Bonus, werden überall freundlich aufgenommen. Etwas falsch machen Sie am ehesten, wenn Sie zu wenig Trinkgeld geben. Erwartet werden um die 15 Prozent – zurückzuführen auf US-Amerikaner, die dies aus ihrer Heimat gewohnt sind. Zehn Prozent gelten als Minimum, wer weniger gibt, riskiert, dass die Kellner ihre Verärgerung deutlich zeigen. Im Übrigen: Sprechen Sie einige wenige Worte Spanisch, das öffnet die Herzen der Mexikaner, und hängen Sie bei Älteren im Gespräch stets ein „señor" bzw. „señora" an das Satzende. Mexikaner sind warmherzig, mit einem Lächeln schaffen Sie sofort eine gute Atmosphäre. Fotografieren Sie *indígenas* niemals ohne deren Zustimmung!

MIETWAGEN

Neben den großen internationalen Autovermietungen gibt es viele preiswerte lokale Firmen, bei denen jedoch eine genaue Prüfung des Fahrzeugs vor der Übergabe unerlässlich ist. Der nationale Führerschein reicht zwar aus, wenn Sie ein Auto mieten oder in eine Polizeikontrolle kommen, ist der internationale jedoch von Vorteil. Oft ist es günstiger und sicherer, bereits zu Hause zu reservieren. Wenn Sie mit dem Mietwagen unterwegs sind, sollten Sie sich peinlich genau an die Verkehrsvorschriften halten. Den Pannendienst *Ángeles Verdes* („Grüne Engel") erreichen Sie über *Tel. 0155 52 50 82 21* und *01 80 09 03 92 00* sowie *0 78*.

NOTRUF

Feuerwehr und Rettungsdienst: *Tel. 060*, Polizei: *Tel. 080*
Ein gebührenfreies Nottelefon mit einem Infoservice in Englisch und Spanisch erreichen Sie rund um die Uhr im gesamten Land unter *Tel. 01 80 09 03 92 00*.

ÖFFENTLICHE VERKEHRSMITTEL

Die mexikanische Eisenbahn ist nach der Privatisierung weitgehend stillgelegt. Es verkehren nur noch wenige Züge. Der *autobús,* in Mexiko auch *camión* genannt, erreicht praktisch jeden Ort mehrere Male pro Tag. Viele private Busgesellschaften bieten ihre preiswerten Dienste in zwei bis drei Klassen an. Der Fahrscheinkauf am Vortag ist empfehlenswert. Informationen: *www.ticketbus.com.mx*. Nachtfahrten sollten Sie vermeiden, da das Risiko von Diebstählen und Raubüberfällen dann zu groß wird.

Zwischen La Paz (Fährhafen Pichilingüe) in Baja California und dem Fährhafen Topolobampo bei Los Mochis verkehrt Baja Ferries *(www.bajaferries.com)* siebenmal wöchentlich (Dauer der Überfahrt: sechs Stunden); eine weitere Fähre geht von La Paz nach Mazatlán. In der Karibik verkehren Fähren zu den Inseln Cozumel und Isla Mujeres *(www.granpuerto.com.mx)*.

Die etwa 50 Flughäfen werden von privaten Fluggesellschaften bedient. Wer lange Busfahrten meiden will, hat die Wahl unter folgenden Low-Cost-Airlines: Volaris *(www.volaris.com.mx)*, Viva Aerobus *(www.vivaaerobus.com)* und Interjet *(www.interjet.com.mx)*.

ÖFFNUNGSZEITEN

Geschäfte machen mittags Pause (ca. 13–16 Uhr) und haben abends lange auf; gesetzlich geregelte Zeiten gibt es nicht.

POLIZEI

Kontakt mit der einheimischen Polizei sollten Sie möglichst vermeiden, da die Polizisten häufig auf ein „Trinkgeld" aus sind. Bei Problemen wenden Sie sich besser an Beamte der Touristenpolizei (in blauer Uniform) oder der Autobahnpolizei *(Caminos y Puentes)*.

POST

Die Post heißt *correo;* eine Luftpostkarte *(por avión)* nach Europa kostete bei Redaktionsschluss 14 Pesos Porto.

SICHERHEIT

In Mexiko-Stadt müssen Sie gut auf sich und Ihre Habseligkeiten aufpassen: Das bedeutet: nicht mit einem „freien" Taxi fahren, Wertsachen im Hotel(safe) lassen, wenig Geld und eine Passkopie mitnehmen, besonders aufmerksam im Gedränge von U-Bahn, Bus, Markt oder Busbahnhof sein, Geld und Papiere in einer vorderen Hosentasche tragen. Steigen Sie nach 18 Uhr nur in ein gerufenes Funk- oder Hoteltaxi.

Leider haben Kriminalität und Gewalt, bedingt durch den lange anhaltenden Drogenkrieg, weiter zugenommen. Besonders die nördlichen, an die USA angrenzenden Bundesstaaten sind betroffen. Auch in Guerrrero sollte man gegenwärtig seine Reisen auf Acapulco und Ixtapa/Zihuatanejo beschränken, die Küstenstraße sogar meiden. Generell sollten Sie Überlandfahrten mit öffentlichen Bussen auf das Notwendigste beschränken und nach Einbruch der Dunkelheit auch mit einem eigenen Auto nicht unterwegs sein. In Mexiko-Stadt kommt es häufig zu Demonstrationen, die nicht immer friedlich verlaufen. Vermeiden Sie Menschenansammlungen!

Im übrigen Land reisen Sie im Wesentlichen so sicher wie in Europa, vorausgesetzt Sie meiden leere Strände, fahren nicht per Anhalter und wandern in Guerrero und Chiapas nicht in unbewohnten Regionen.

STROM

Die Netzspannung in Mexiko beträgt 110 Volt (manchmal 125). Sie benötigen einen US-Flachstecker.

TAXI

Wenn ein Taxameter eingeschaltet ist, ist das Taxifahren sehr preiswert (1 km ca. 0,50 Euro). Anderenfalls den Preis unbedingt vorher vereinbaren (Richtpreise im Hotel erfragen)! In Mexiko-Stadt sollten Sie die preiswerten ambulanten Taxis (oft VW-Käfer) nicht in der Dunkelheit benutzen.

TELEFON & HANDY

Überall im Land gibt es Telefonzellen, in denen Sie Telefonkarten nutzen können. Eine Minute nach Europa kostet 20 Pesos, ein Ortsgespräch 1 Peso. Europäische Handys können Sie in Mexiko benutzen. Eine mexikanische Prepaidkarte der Gesellschaft Telcel (*www.telcel.com*) kostet in Mexiko zwischen 15 und 40 US-$ – mit Gesprächsguthaben bis zur Hälfte des Kaufpreises. In Europa werden Karten für 40–50 Euro angeboten, jedoch nur mit knapp 10 Euro Guthaben. Um sie nutzen zu können, benötigen Sie ein freigeschaltetes, GSM-1900-kompatibles Gerät.

PRAKTISCHE HINWEISE

Nachladekarten zu 100 und 200 Pesos gibt es in vielen Geschäften.
Vorwahl Deutschland *0049*, Österreich *0043*, Schweiz *0041*, Mexiko *0052*, dann die Ortsvorwahl ohne die 01 vorweg.

TRINKGELD

Im Restaurant sind zehn bis 15 Prozent üblich, falls eine *propina* in der Rechnung nicht schon ausgewiesen ist. Taxifahrer erwarten in Mexiko kein Trinkgeld. Mit 5–10 Pesos sind kleinere Gefälligkeiten normalerweise ausreichend abgegolten.

UNTERKUNFT

Jugendherbergen finden Sie unter *www.mundojovenhostels.com;* eine Übernachtung kostet 6–10 Euro. Auch Bed and Breakfast hat sich durchgesetzt. Feine kleinere, typisch mexikanische Boutiquehotels haben sich unter *www.hotelesboutique.com* zusammengeschlossen. Haciendahotels finden Sie bei *www.thehaciendas.com*. Hotels aller Preisklassen listet *www.bestday.com.mx* auf. ⓦ WWOOF Mexico *(World-Wide Opportunities on Organic Farms* (*www.wwoofmexico.org*) vermittelt freiwillige Helfer für ökologische Bauernhöfe in ganz Mexiko.

ZEIT

MEZ minus sieben Stunden, im Westen minus acht bzw. neun Stunden. Sommerzeit vom ersten Aprilsonntag bis zum letzten Oktobersonntag.

ZOLL

Bei der Einreise sind Waren bis zum Wert von 300 US-$ zollfrei, bei Rückkehr in die EU u. a. 1 l Spirituosen sowie andere Waren bis 430 Euro Warenwert. Verboten ist die Ausfuhr von Antiquitäten und „Bruchstücken" aus archäologischen Stätten. *www.aduanas.sat.gob.mx*, *www.zoll.de*

WETTER IN MEXIKO-STADT

	Jan.	Feb.	März	April	Mai	Juni	Juli	Aug.	Sept.	Okt.	Nov.	Dez.
Tagestemperaturen in °C	19	21	24	25	26	24	23	23	23	21	20	19
Nachttemperaturen in °C	6	6	8	11	12	13	12	12	12	10	8	6
☀ Sonnenschein Stunden/Tag	7	8	7	7	7	6	6	7	6	6	6	6
☂ Niederschlag Tage/Monat	2	1	2	6	9	14	19	18	17	8	3	2

SPRACHFÜHRER SPANISCH

AUSSPRACHE

c	vor „e" und „i" stimmloser Lispellaut wie englisches „th"
ch	stimmloses „tsch" wie in „tschüss"
g	vor „e, i" wie deutsches „ch" in „Bach"
gue, gui/que, qui	das „u" ist stumm, wie deutsches „ge", „gi"/„ke", „ki"
j	immer wie deutsches „ch" in „Bach"
ll, y	wie deutsches „j"
ñ	wie deutsches „nj"

AUF EINEN BLICK

ja/nein/vielleicht	sí/no/tal vez
bitte/danke	por favor/gracias
Entschuldigen Sie!	¡Perdone!
Darf ich …?	¿Puedo …?
Wie bitte?	¿Cómo?
Ich möchte …/Haben Sie …?	Querría …/¿Tendría …?
Wie viel kostet …?	¿Cuánto vale …?
Das gefällt mir (nicht).	Esto (no) me gusta.
gut/schlecht	bien/mal
kaputt/funktioniert nicht	roto/descompuesto
zu viel/viel/wenig	demasiado/mucho/poco
alles/nichts	todo/nada
Hilfe!/Achtung!/Vorsicht!	¡Ayúdeme!/¡Atención!/¡Cuidado!
Krankenwagen/Polizei/Feuerwehr	ambulancia/policía/bomberos
Verbot/verboten	prohibición/prohibido
Gefahr/gefährlich	peligro/peligroso
Darf ich Sie/hier fotografieren?	¿Puedo fotografiarlo (-la)/aquí?

BEGRÜSSUNG & ABSCHIED

Gute(n) Morgen!/Tag!/Abend!/Nacht!	¡Buen día!/¡Buen día!/¡Buenas tardes!/¡Buenas noches!
Hallo!/Auf Wiedersehen!/Tschüss!	¡Hola!/¡Adiós!/¡Nos vemos!
Ich heiße …	Me llamo …
Wie heißen Sie?	¿Cómo se llama?
Wie heißt Du?	¿Cómo te llamas?
Ich komme aus …	Vengo de …

¿Hablas español?

„Sprichst du Spanisch?" Dieser Sprachführer hilft Ihnen, die wichtigsten Wörter und Sätze auf Spanisch zu sagen

DATUMS- & ZEITANGABEN

Montag/Dienstag/Mittwoch	lunes/martes/miércoles
Donnerstag/Freitag/Samstag	jueves/viernes/sábado
Sonntag/Feiertag/Werktag	domingo/día festivo/día de trabajo
heute/morgen/gestern	hoy/mañana/ayer
Stunde/Minute	hora/minuto
Tag/Nacht/Woche/Monat/Jahr	día/noche/semana/mes/año
Wie viel Uhr ist es?	¿Qué hora es?
Es ist drei Uhr./Es ist halb vier.	Son las tres./Son las tres treinta.
Viertel vor vier	falta un cuarto para las cuatro
Viertel nach vier	cuatro y cuarto

UNTERWEGS

offen/geschlossen	abierto/cerrado
Eingang/Ausgang	entrada/salida
Abfahrt/Abflug/Ankunft	salida/salida/llegada
Toiletten/Damen/Herren	toilettes/damas/caballeros
(kein) Trinkwasser	agua (no) potable
Wo ist ...?/Wo sind ...?	¿Dónde está ...?/¿Dónde están ...?
links/rechts	(a la) izquierda/(a la) derecha
geradeaus/zurück	derecho/de vuelta
nah/weit	cerca/lejos
Bus/Straßenbahn/U-Bahn/Taxi	ómnibus/tranvía/subte/taxi
Haltestelle/Parkplatz	parada/aparcadero
Stadtplan/(Land-)Karte	lano de la ciudad/mapa
Bahnhof/Hafen/Flughafen	stación de trenes/puerto/aeropuerto
Fahrplan/Fahrschein/Zuschlag	tinerario/boleto/lus
einfach/hin und zurück	da/ida y vuelta
Zug/Gleis/Bahnsteig	ren/andén/andén
Ich möchte ... mieten.	Quiero ... rentar.
ein Auto/ein Fahrrad/ein Boot	un carro/una bicicleta/un bote
Tankstelle/Benzin/Diesel	gasolinera/gasolina/diesel
Panne/Werkstatt	problema mecánico/taller mecánico

ESSEN & TRINKEN

Reservieren Sie uns bitte für heute Abend einen Tisch für vier Personen.	Resérvenos por favor una mesa para cuatro personas para esta noche.
Die Speisekarte, bitte.	El menú, por favor.
Könnte ich bitte ... haben?	Me gustaría ... por favor.

Flasche/Karaffe/Glas	botella/jarra/vaso
Messer/Gabel/Löffel	cuchillo/tenedor/cuchara
Salz/Pfeffer/Zucker	sal/pimienta/azúcar
kalt/versalzen/nicht gar	frío/demasiado salado/crudo
mit/ohne Eis/Kohlensäure	con/sin hielo/gas
Vegetarier(in)/Allergie	vegetariano (vegetariana)/alergia
Ich möchte zahlen, bitte.	La adición, por favor.
Rechnung/Quittung/Trinkgeld	cuenta/factura/propina

EINKAUFEN

Wo finde ich …?	¿Dónde puedo encontrar …?
Ich möchte …/Ich suche …	Quiero …/Busco …
Brennen Sie Fotos auf CD?	¿Graban fotos en CD?
Apotheke/Drogerie	farmacia/droguería
Markt/Lebensmittelgeschäft	mercado/tienda
Einkaufszentrum/Kaufhaus	centro comercial/shopping
Fotoartikel	artículos fotográficos
Zeitungsladen	puesto de periódicos
100 Gramm/1 Kilo	cien gramos/un kilo
teuer/billig/Preis	caro/barato/precio
mehr/weniger	más/menos
aus biologischem Anbau	de cultivo orgánico

ÜBERNACHTEN

Ich habe ein Zimmer reserviert.	Reservé una habitación.
Haben Sie noch …?	¿Tiene aún …?
Einzelzimmer/Doppelzimmer	habitación simple/habitación doble
Frühstück/Halbpension/Vollpension	desayuno/media pensión/pensión completa
nach vorne/zum Meer	al frente/al mar
Dusche/Bad	ducha/baño
Balkon/Terrasse	balcón/terraza
Schlüssel/Zimmerkarte	llave/tarjeta de la habitación
Gepäck/Koffer/Tasche	equipaje/valija/cartera

BANKEN & GELD

Bank/Geldautomat	banco/cajero automático
Geheimzahl	clave secreta
Ich möchte … Euro wechseln.	Quiero cambiar … euros.
bar/ec-Karte/Kreditkarte	efectivo/tarjeta de débito/tarjeta de crédito
Banknote/Münze	billete/moneda
Wechselgeld	cambio

SPRACHFÜHRER

GESUNDHEIT

Arzt/Zahnarzt/Kinderarzt	médico/dentista/pediatra
Krankenhaus/Notfallpraxis	hospital/guardia de urgencias
Fieber/Schmerzen/Durchfall/Übelkeit	calentura/dolores/diarrea/náuseas
Sonnenbrand	insolación
entzündet/verletzt	infectado/herido
Pflaster/Verband/Salbe	curita/venda/crema
Schmerzmittel/Tablette/Zäpfchen	analgésico/píldora/supositorio

TELEKOMMUNIKATION & MEDIEN

Briefmarke/Brief/Postkarte	estampilla/carta/tarjeta postal
Ich brauche eine Telefonkarte fürs Festnetz.	Necesito una tarjeta telefónica para red fija.
Ich suche eine Prepaidkarte für mein Handy.	Quiero una tarjeta prepaga para mi celular.
Wo finde ich einen Internetzugang?	¿Dónde encuentro un acceso a internet?
Brauche ich eine spezielle Vorwahl?	¿Necesito marcar un prefijo especial?
wählen/Verbindung/besetzt	marcar/conexión/ocupado
Steckdose/Adapter/Ladegerät	toma eléctrica/adaptador/cargador
Computer/Batterie/Akku	computadora/batería/batería
Internetanschluss/WLAN	conexión a Internet/Wi-Fi
E-Mail/Datei/ausdrucken	correo electrónico/archivo/imprimir

FREIZEIT, SPORT & STRAND

Strand/Sonnenschirm/Liegestuhl	playa/sombrilla/reposera
Ebbe/Flut	marea baja/marea alta
Strömung	corriente marina
Seilbahn	aerocarril

ZAHLEN

0	cero	12	doce	50	cincuenta
1	uno	13	trece	60	sesenta
2	dos	14	catorce	70	setenta
3	tres	15	quince	80	ochenta
4	cuatro	16	dieciséis	90	noventa
5	cinco	17	diecisiete	100	cien
6	seis	18	dieciocho	200	doscientos
7	siete	19	diecinueve	1000	mil
8	ocho	20	veinte	2000	dos mil
9	nueve	21	veintiuno	10 000	diez mil
10	diez	30	treinta	½	medio
11	once	40	cuarenta	¼	un cuarto

REISEATLAS

▬ Verlauf der Erlebnistour „Perfekt im Überblick"
▬ Verlauf der Erlebnistouren

Der Gesamtverlauf aller Touren ist auch in der herausnehmbaren Faltkarte eingetragen

Bild: Plaza de Armas in Guadalajara

Unterwegs in Mexiko

Die Seiteneinteilung für den Reiseatlas finden Sie auf dem hinteren Umschlag dieses Reiseführers

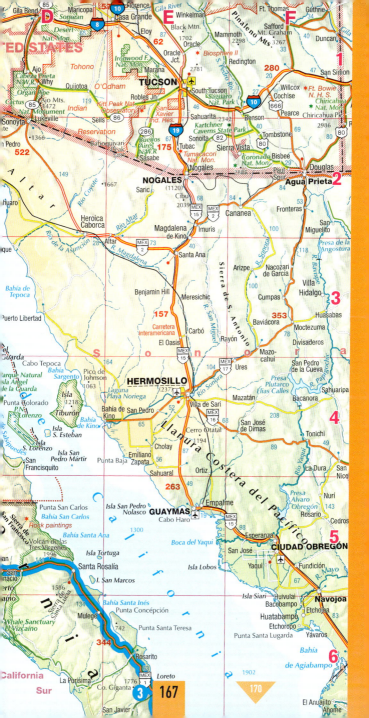

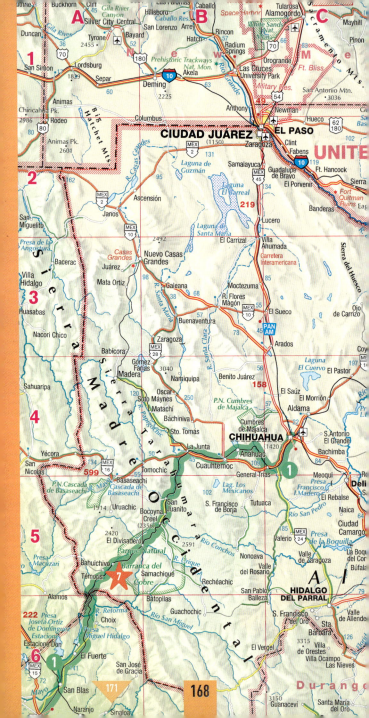

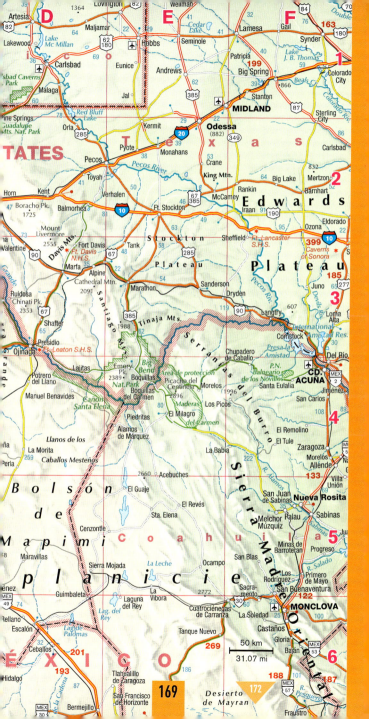

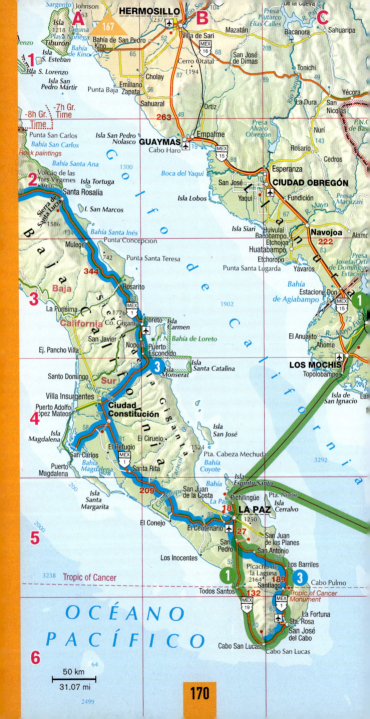

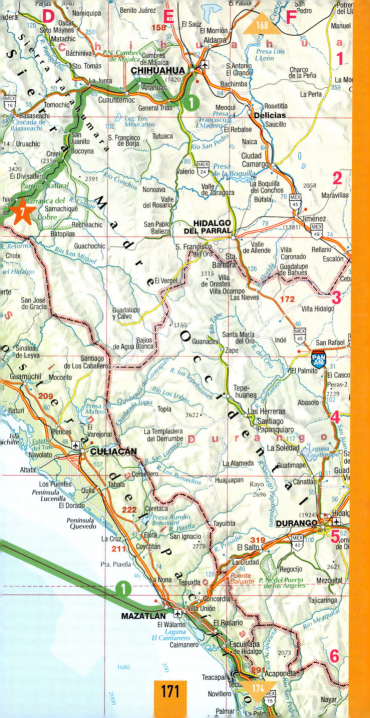

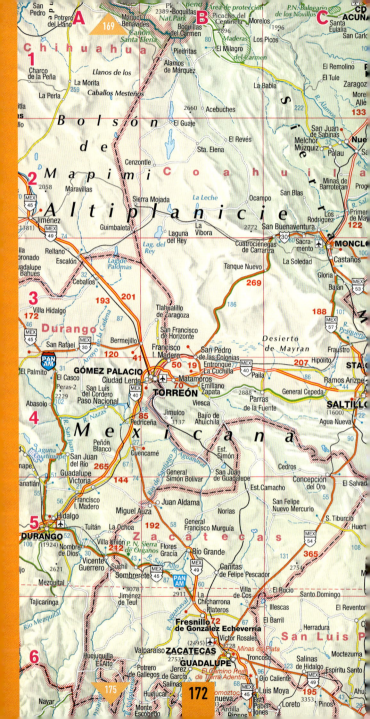

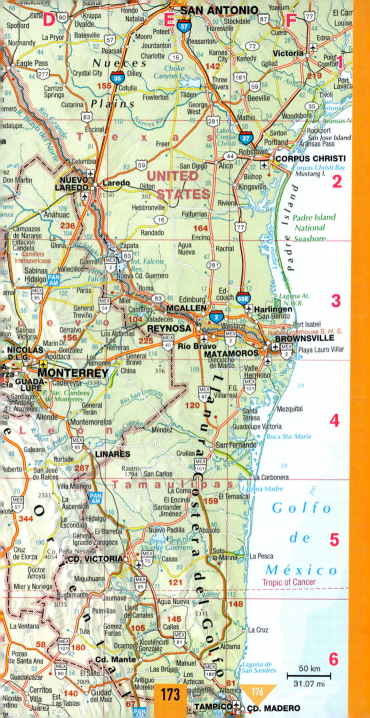

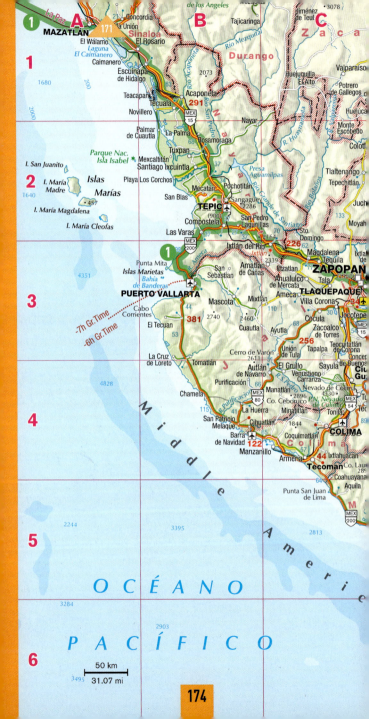

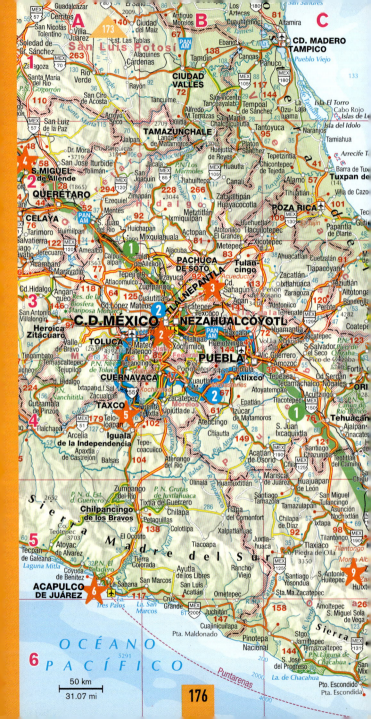

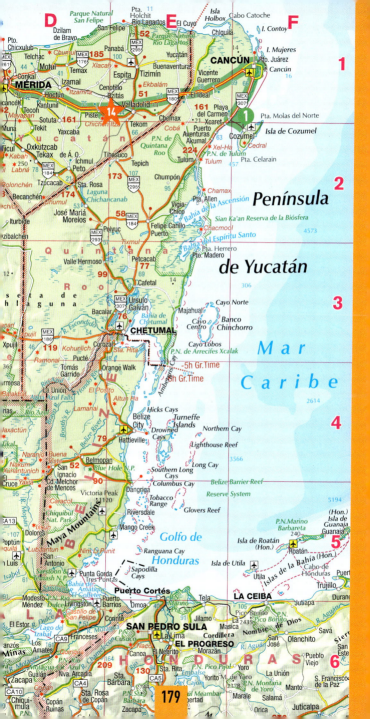

KARTENLEGENDE

Autobahn, mehrspurige Straße - in Bau Highway, multilane divided road - under construction		Autoroute, route à plusieurs voies - en construction Autopista, carretera de más carriles - en construcción
Fernverkehrsstraße - in Bau Trunk road - under construction		Route à grande circulation - en construction Ruta de larga distancia - en construcción
Hauptstraße Principal highway		Route principale Carretera principal
Nebenstraße Secondary road		Route secondaire Carretera secundaria
Fahrweg, Piste Practicable road, track		Chemin carrossable, piste Camino vecinal, pista
Straßennummerierung Road numbering	MEX 18, 26	Numérotage des routes Numeración de carreteras
Entfernungen in mi. (USA), in km (MEX) Distances in mi. (USA), in km (MEX)	259 130 129	Distances en mi. (USA), en km (MEX) Distancias en mi. (USA), en km (MEX)
Höhe in Meter - Pass Height in meters - Pass	1365	Altitude en mètres - Col Altura en metros - Puerto de montaña
Eisenbahn Railway		Chemin-de-fer Ferrocarril
Autofähre - Schifffahrtslinie Car ferry - Shipping route		Bac autos - Ligne maritime Transportador de automóviles - Ferrocarriles
Wichtiger internationaler Flughafen - Flughafen Major international airport - Airport		Aéroport important international - Aéroport Aeropuerto importante internacional - Aeropuerto
Internationale Grenze - Bundesstaatengrenze International boundary - federal boundary		Frontière nationale - Frontière fédérale Frontera nacional - Frontera federal
Unbestimmte Grenze Undefined boundary		Frontière d'État non définie Frontera indeterminada
Zeitzonengrenze Time zone boundary	-7h Greenwich Time -6h Greenwich Time	Limite de fuseau horaire Límite del huso horario
Hauptstadt eines souveränen Staates National capital	CD. DE MÉXICO	Capitale nationale Capital de un estado soberano
Hauptstadt eines Bundesstaates State capital	HERMOSILLO	Capitale d'un état fédéral Capital de estado
Sperrgebiet Restricted area		Zone interdite Zona prohibida
Indianerreservat - Nationalpark Indian reservation - National park		Réserve d'indiens - Parc national Reserva de indios - Parque nacional
Sehenswertes Kulturdenkmal Interesting cultural monument	★ Xochicalco	Monument culturel intéressant Monumento cultural de interés
Sehenswertes Naturdenkmal Interesting natural monument	★ Agua Azul Cascadas	Monument naturel intéressant Monumento natural de interés
Brunnen, Salzsee Well, Salt lake		Puits, Lac salé Pozo, Lago salado
MARCO POLO Erlebnistour 1 MARCO POLO Discovery Tour 1		MARCO POLO Tour d'aventure 1 MARCO POLO Recorrido aventura 1
MARCO POLO Erlebnistouren MARCO POLO Discovery Tours		MARCO POLO Tours d'aventure MARCO POLO Recorridos de aventura
MARCO POLO Highlight	★1	MARCO POLO Highlight

FÜR IHRE NÄCHSTE REISE ...

ALLE **MARCO POLO** REISEFÜHRER

DEUTSCHLAND
Allgäu
Bayerischer Wald
Berlin
Bodensee
Chiemgau/
Berchtesgadener
Land
Dresden/
Sächsische Schweiz
Düsseldorf
Eifel
Erzgebirge/
Vogtland
Föhr & Amrum
Franken
Frankfurt
Hamburg
Harz
Heidelberg
Köln
Lausitz/Spreewald/
Zittauer Gebirge
Leipzig
Lüneburger Heide/
Wendland
Mecklenburgische
Seenplatte
Mosel
München
Nordseeküste
Schleswig-Holstein
Oberbayern
Ostfriesische Inseln
Ostfriesland/Nord-
seeküste Nieder-
sachsen/Helgoland
Ostseeküste
Mecklenburg-
Vorpommern
Ostseeküste
Schleswig-Holstein
Pfalz
Potsdam
Rheingau/
Wiesbaden
Rügen/Hiddensee/
Stralsund
Ruhrgebiet
Schwarzwald
Stuttgart
Sylt
Thüringen
Usedom
Weimar

ÖSTERREICH SCHWEIZ
Kärnten
Österreich
Salzburger Land
Schweiz
Steiermark
Tessin
Tirol
Wien
Zürich

FRANKREICH
Bretagne
Burgund
Côte d'Azur/
Monaco
Elsass
Frankreich
Französische
Atlantikküste
Korsika
Languedoc-
Roussillon
Loire-Tal
Nizza/Antibes/
Cannes/Monaco
Normandie
Paris
Provence

ITALIEN MALTA
Apulien
Dolomiten
Elba/Toskanischer
Archipel
Emilia-Romagna
Florenz
Gardasee
Golf von Neapel
Ischia
Italien
Italienische Adria
Italien Nord
Italien Süd
Kalabrien
Ligurien/
Cinque Terre
Mailand/
Lombardei
Malta & Gozo
Oberital. Seen
Piemont/Turin
Rom
Sardinien
Sizilien/
Liparische Inseln
Südtirol
Toskana
Venedig
Venetien & Friaul

SPANIEN PORTUGAL
Algarve
Andalusien
Barcelona
Baskenland/
Bilbao
Costa Blanca
Costa Brava
Costa del Sol/
Granada
Fuerteventura
Gran Canaria
Ibiza/Formentera
Jakobsweg
Spanien
La Gomera/
El Hierro
Lanzarote
La Palma
Lissabon
Madeira
Madrid
Mallorca
Menorca
Portugal
Spanien
Teneriffa

NORDEUROPA
Bornholm
Dänemark
Finnland
Island
Kopenhagen
Norwegen
Oslo
Schweden
Stockholm
Südschweden

WESTEUROPA BENELUX
Amsterdam
Brüssel
Dublin
Edinburgh
England
Flandern
Irland
Kanalinseln
London
Luxemburg
Niederlande
Niederländische
Küste
Schottland
Südengland

OSTEUROPA
Baltikum
Budapest
Danzig
Krakau
Masurische Seen
Moskau
Plattensee
Polen
Polnische
Ostseeküste/
Danzig
Prag
Slowakei
St. Petersburg
Tallinn
Tschechien
Ungarn
Warschau

SÜDOSTEUROPA
Bulgarien
Bulgarische
Schwarzmeerküste
Kroatische Küste
Dalmatien
Kroatische Küste
Istrien/Kvarner
Montenegro
Rumänien
Slowenien

GRIECHENLAND TÜRKEI ZYPERN
Athen
Chalkidiki/
Thessaloniki
Griechenland
Festland
Griechische Inseln/
Ägäis
Istanbul
Korfu
Kos
Kreta
Peloponnes
Rhodos
Samos
Santorin
Türkei
Türkische Südküste
Türkische Westküste
Zákinthos/Itháki/
Kefaloniá/Lefkas
Zypern

NORDAMERIKA
Chicago und
die Großen Seen
Florida
Hawai'i
Kalifornien
Kanada
Kanada Ost
Kanada West
Las Vegas
Los Angeles
New York
San Francisco
USA
USA Ost
USA Südstaaten/
New Orleans
USA Südwest
USA West
Washington D.C.

MITTEL- UND SÜDAMERIKA
Argentinien
Brasilien
Chile
Costa Rica
Dominikanische
Republik
Jamaika
Karibik/
Große Antillen
Karibik/
Kleine Antillen
Kuba
Mexiko
Peru & Bolivien
Yucatán

AFRIKA UND VORDERER ORIENT
Ägypten
Djerba/
Südtunesien
Dubai
Israel
Jordanien
Kapstadt/
Wine Lands/
Garden Route
Kapverdische
Inseln
Kenia
Marokko
Namibia
Rotes Meer & Sinai
Südafrika
Tansania/Sansibar
Tunesien
Vereinigte
Arabische Emirate

ASIEN
Bali/Lombok/Gilis
Bangkok
China
Hongkong/Macau
Indien
Indien/Der Süden
Japan
Kambodscha
Ko Samui/
Ko Phangan
Krabi/
Ko Phi Phi/
Ko Lanta/Ko Jum
Malaysia
Nepal
Peking
Philippinen
Phuket
Shanghai
Singapur
Sri Lanka
Thailand
Tokio
Vietnam

INDISCHER OZEAN UND PAZIFIK
Australien
Malediven
Mauritius
Neuseeland
Seychellen

Viele MARCO POLO Reiseführer gibt es auch als eBook – und es kommen ständig neue dazu!
Checken Sie das aktuelle Angebot einfach auf: www.marcopolo.de/e-books

REGISTER

Im Register sind alle in diesem Reiseführer erwähnten Orte, Ausflugsziele und Strände verzeichnet. Halbfette Seitenzahlen verweisen auf den Haupteintrag.

Acapulco 13, 32, 66, **67**, 70, 145, 148, 158
Agua Azul **104**, 141
Ajijic 39
Bahía de Cacaluta 72
Bahía de Los Ángeles 145
Bahía El Órgano 72
Bahía Maguey 72
Bahía Todos los Santos 137
Bahías de Huatulco 71
Bahuichivo 84
Baja California 13, 82, 89, 131, **137**, 143, 145, 157
Barra de Navidad 81
Barranca del Cobre 16, **82**, 131, 142, 153
Bethel 104
Boca-de-Sierra-Nationalpark 148
Bonampak 101, **104**, 133
Cabo San Lucas **89**, 132, 140, 145, 148
Calakmul 25
Campeche **116**, 133, 148
Cancún 13, 23, 32, **119**, 120, 134, 144, 145, 149, 154
Cañón del Sumidero **108**, 140
Casas Grandes 88
Cerocahui **84**, 85
Chankanaablagune 121
Chapala 39
Chapalasee 39
Chiapa de Corzo **108**, 140
Chichén Itzá 14, 25, 119, 124, **126**, 134, 153
Chihuahua 83, 84, 85, **86**, 131
Cholula **58**, 135
Citlaltépetl 56, **59**, 142
Ciudad Juárez 93
Cobá 14, 25, **129**
Cocoyoc 136
Córdoba 154
Costa Alegre 80
Costa Azul (Los Cabos) 91
Costa Careyes 81
Cozumel 116, **121**, 134, 144, 148, 157
Creel 84, 91, 143
Cuauhtémoc 89
Cuautla 135
Cuernavaca 42, **50**, 136, 154
Cuetzalán del Progreso 59
Dolores 60
El Arco 89
El Divisadero 84
El Tajín 113
Ensenada 137
Estero de San José 90
Faro de Cabo Falso 90
Frontera Corozal 104, 105
Guadalajara 25, **35**, 132, 147, 150, 152, 164
Guanajuato 32, **39**, 132, 151

Guerrero Negro 138
Hacienda Cocoyoc 136
Hierve el Agua 148
Huatulco 66, 67, **71**
Isla de la Piedra 77
Isla Ixtapa 75
Isla Mujeres **123**, 144, 149, 157
Ixtaccíhuatl 43, 56, 134
Ixtapa 66, **74**, 158
Jalapa 113
Janitzio 55
Kupferschlucht 16, **82**, 131, 142, 153
La Antigua 114
La Bufadora 137
La Crucesita 71
La Malinche 56
La Paz **92**, 139, 145, 157
La Playita 90
Lago de Chapala 39
Lago de Pátzcuaro 55
Lago de Texcoco 44
Laguna Chankanaab 121
Las Hadas 81
Los Barriles 145
Los Cabos **89**, 140, 143, 145, 148
Los Mochis 82, **83**, 157
Manzanillo 81
Mazatlán 66, **77**, 132, 144, 157
Mazunte 73
Mérida 32, 120, **124**, 133, 150
Mexcaltitán 78
Mexiko-Stadt 15, 16, 18, 20, 21, 24, 25, 27, 31, 34, 42, **43**, 133, 134, 143, 146, 150, 151, 152, 153, 154, 155, 156, 158, 159
Misol-há 141
Mitla 95, **100**, 101
Mixquic 27
Monte Albán 14, 95, 96, **100**, 133
Morelia 52
Oaxaca 32, 33, **95**, 133, 148, 150, 151
Ocotlán 135
Ojitos 84
Olas Altas (Mazatlán) 77
Palancarriff 116, 121
Palenque 25, 98, **101**, 133, 141
Papantla 27
Paquimé 88
Parque Nacional Boca de Sierra 148
Pátzcuaro 55
Pátzcuarosee 55
Pichilingüe 157
Pico de Orizaba 56, **59**, 142
Pie de la Cuesta 70, 145
Playa Acapulquito (Los Cabos) 91
Playa Caleta (Acapulco) 69

Playa del Carmen 120, 121, **127**, 149
Playa El Médano (Cabo San Lucas) 90
Playa Hermosa (Ixtapa) 75
Playa Hornos (Acapulco) 69
Playa Icacos (Acapulco) 69
Playa La Ropa (Zihuatanejo) 75
Playa Las Gatas (Zihuatanejo) 75
Playa Mismaloya (Puerto Vallarta) 80
Playa Norte (Isla Mujeres) 124
Playa Palancar (Cozumel) 123
Playa Palmar (Ixtapa) 74, 75
Playa Revolcadero (Acapulco) 69
Playa San Francisco (Cozumel) 123
Playa San Juan (Cozumel) 123
Popocatépetl 34, 43, **50**, 56, 134, 142
Puebla 28, 32, 33, 52, **56**, 135, 142, 154
Puerto Ángel 70, **73**
Puerto Escondido **73**, 145
Puerto Juárez 123
Puerto López Mateos 92
Puerto Morelos 20
Puerto Vallarta 66, **79**, 132, 144
Punta la Banda 137
Punta Palmilla (Los Cabos) 91
Punta Sam 123
Punta Stern 92
Querétaro 52, **59**, 133, 154
Riviera Maya 26, **127**, 134, 144, 145, 149
San Andrés Cholula 59
San Blas **78**, 145
San Carlos 92, 138, 145
San Cristóbal de las Casas 33, 98, **105**, 133, 140
San Ignacio 138
San Jacinto Amilpas 148
San José del Cabo **89**, 140
San Juan Chamula 109
San Juan Teotihuacán 51
San Miguel de Allende 32, **61**, 132
San Miguel de Cozumel 121
San Patricio Melaque 81
San Ysidro 91
Santa Cruz 71
Santa Rosa 126
Santa Rosalía 138
Santuario de ballenas El Vizcaíno 138
Santuario de la Mariposa Monarca El Rosario 147
Santuario de Ocotlán 135
Schmetterlingspark El Rosario 147
Taxco 32, 34, **64**, 136
Tenejapa 109
Tenochtitlán 15, 34, 44, 47

182

IMPRESSUM

Teotihuacán 34, **50**
Texcocosee 44
Tijuana 82, 91, **92**, 93, 137
Tlaquepaque 32, **38**
Tlaxcala 134
Toluca **136**, 147, 154
Tonalá 33, **38**
Toniná 140
Topolobampo **85**, 157
Tres Ríos 26
Tula 51
Tulum 13, 14, 25, 119, 120, **129**
Tuxtla Gutiérrez 140
Uruapán 32
Uxmal 25, 120, **127**, 153
Veracruz **110**, 115, 150
Villahermosa **114**, 115, 141
Xalapa 113
Xcaret 26, 145, **149**
Xel-Há 26, 145, 149
Xochimilco 44, **52**
Yagul 95, **101**
Yaxchilán 101, **104**, 133
Yelapa 80
Zaachila 101
Zacatecas 150
Zapopan 147
Zihuatanejo 66, **74**, 158
Zinacantán 109
Zipolite 73

SCHREIBEN SIE UNS!

Egal, was Ihnen Tolles im Urlaub begegnet oder Ihnen auf der Seele brennt, lassen Sie es uns wissen! Ob Lob, Kritik oder Ihr ganz persönlicher Tipp – die MARCO POLO Redaktion freut sich auf Ihre Infos.

Wir setzen alles dran, Ihnen möglichst aktuelle Informationen mit auf die Reise zu geben. Dennoch schleichen sich manchmal Fehler ein – trotz gründlicher Recherche unserer Autoren/innen. Sie haben sicherlich Verständnis, dass der Verlag dafür keine Haftung übernehmen kann.

MARCO POLO Redaktion
MAIRDUMONT
Postfach 31 51
73751 Ostfildern
info@marcopolo.de

IMPRESSUM
Titelbild: Playa Santa María in Los Cabos (Schapowalow: H.-P. Huber)
Fotos: Dive Puerto Morelos S.A. de C.V., The Little Mexican Cooking School: Catriona Brown (20 o.); DuMont Bildarchiv (151, Maeritz (53); huber-images: J. Banks (22/23), P. Canali (139), G. Croppi (102), T. Draper (40), J. Forster (118), P. Giocoso (106/107, 127), Gräfenhain (81, 100, 164/165), S. Kremer (14/15, 58, 136), B. Morandi (12/13), Schmid (5, 28/29), Stadler (4 o.); huber-images/Naturalight (128); huber-images/Picture Finders (32/33); Laif: Gonzalez (26, 51, 55, 73, 112, 114, 149), Hahn (4 u., 152 o.), Heuer (31, 89), Meyer (17), Tophoven (121); Laif/Hemis.fr: H. Hughes (153); Laif/Riva Press (20 u.); Laif/Vault Archives (21 u.); Look: Greune (25), Heeb (Klappe l., 46, 68, 79, 87, 109); K. Maeritz (76, 96, 99, 110/111); mauritius images: Höbel (150/151), Thonig (105), Torino (88, 122); mauritius images/age (9, 43); mauritius images/Alamy (Klappe r., 2, 6, 7, 8, 10, 11, 18/19, 30 l., 33, 36, 38, 45, 48, 57, 60, 62, 65, 66/67, 70/71, 75, 92, 94/95, 130/131, 150); mauritius images/Corbis (146/147); mauritius images/Imagebroker: O. Gerhard (142/143); mauritius images/Photononstop (30 r.); mauritius images/Robert Harding (34/35); mauritius images/Rubberball (3); H. Mielke (82/83, 90, 144); picture alliance: S. Gutierrez (20 M.); Pineda Covalin, S.A. de C.V. (21 o.); Redaktionsbüro Haltner (32); Schapowalow: H.-P. Huber (1 o.); O. Stadler (27, 116/117, 125, 152 u.); T. Stankiewicz (84); M. Wöbcke (1 u.)

16. Auflage 2016
Komplett überarbeitet und neu gestaltet
© MAIRDUMONT GmbH & Co. KG, Ostfildern
Chefredaktion: Marion Zorn; Autor: Manfred Wöbcke; Redaktion: Nikolai Michaelis
Verlagsredaktion: Susanne Heimburger, Tamara Hub, Nikolai Michaelis, Kristin Schimpf, Martin Silbermann
Bildredaktion: Gabriele Forst; Im Trend: wunder media, München
Kartografie Reiseatlas und Faltkarte: © MAIRDUMONT, Ostfildern
Gestaltung Cover, S. 1, S. 2/3, Faltkartencover: Karl Anders – Büro für Visual Stories, Hamburg; Gestaltung innen: milchhof:atelier, Berlin; Gestaltung Erlebnistouren: Susan Chaaban Dipl.-Des. (FH)
Sprachführer: in Zusammenarbeit mit Ernst Klett Sprachen GmbH, Stuttgart, Redaktion PONS Wörterbücher
Das Werk einschließlich aller seiner Teile ist urheberrechtlich geschützt.
Jede urheberrechtsrelevante Verwertung ist ohne Zustimmung des Verlags unzulässig und strafbar. Das gilt insbesondere für Vervielfältigungen, Übersetzungen, Nachahmungen, Mikroverfilmungen und die Einspeicherung und Verarbeitung in elektronischen Systemen.
Printed in China

BLOSS NICHT ☝

Ein paar Dinge, die Sie in Mexiko beachten sollten

EINE *FACTORY* BESUCHEN

Den Teilnehmern von Pauschalreisen und Rundfahrten sowie Besichtigungsausflügen wird der Besuch einer *factory* aufgedrängt, in der Kunsthandwerksartikel angeblich besonders preisgünstig sind. Meist ist der Besitzer ein „friend" des Reiseleiters und der Reiseleiter verbürgt sich für wirklich gute Qualität und einen Preisnachlass. Besser ist fast immer ein freundliches, aber bestimmtes „¡No, gracias!"

NACHTS AM STRAND SPAZIEREN GEHEN

Vollmond überm Pazifik, silbern glänzt das Meer – das verlockt zum romantischen Strandspaziergang um Mitternacht. Doch Vorsicht ist angeraten: Nur wenn Sie sich in der Sichtweite von Restaurants befinden oder genügend andere Menschen unterwegs sind, sollten Sie loslaufen – Sie wollen schließlich nicht das Risiko eingehen, ausgeraubt zu werden. Für Frauen besteht die Gefahr sexueller Belästigung.

ENGLISCH SPRECHEN UND SICH AUFREGEN

Viele Mexikaner sind nicht gut auf US-Amerikaner zu sprechen: Hat ihnen doch der reiche Nachbar im Norden gewaltige Teile des Landes (die heutigen US-Bundesstaaten Kalifornien, Texas und Arizona) weggenommen und sich auch immer wieder in die Politik Mexikos eingemischt. Die Dollars der *gringos*, wie US-Amerikaner genannt werden, sind zwar gern gesehen, die *gringos* selbst aber nicht so – zumindest nicht überall. Wer Englisch spricht, wird für einen US-Amerikaner gehalten, wer sich dann noch aufregt über Dinge, die nicht gleich klappen, hat ganz verspielt. Wenige Worte in Spanisch sind daher meist besser als ein englischer Wortschwall.

SICH DROGEN ANDREHEN LASSEN

Von Mexiko werden zwar Drogen in die USA geschmuggelt, der Gebrauch von Drogen wird jedoch scharf verfolgt und geahndet. Lassen Sie die Finger davon und haben Sie bei starken Schmerzmitteln ein Rezept parat.

2.-KLASSE-BUSSE AUF LANGSTRECKEN NUTZEN

Es werden in 2.-Klasse-Bussen keine Sitzplätze reserviert, die Busse halten praktisch an jedem Busch und sind immer überfüllt. Kaufen Sie daher bei Langstrecken immer ein 1.-Klasse-Ticket, und zwar möglichst einen Tag im Voraus. Die Busse der *primera clase* garantieren einen Sitzplatz, nur wenige Stopps, keine stehenden Fahrgäste sowie zügige und meist sichere Fahrt.

ZU WENIG *PROPINA* GEBEN

Mexikanische Kellner sind von den Trinkgeldern der US-Amerikaner verwöhnt, die mehr als 15 Prozent geben. Deshalb: Mindestens zehn Prozent *propina* sind bei gutem Service Pflicht, will man zukünftig wie ein Freund begrüßt werden, gibt man wie die Amerikaner.